DISCURSOS DE ÓDIO CONTRA NEGROS
NAS REDES SOCIAIS

DISCURSOS DE ÓDIO CONTRA NEGROS
NAS REDES SOCIAIS

Luciana Barreto

Copyright © 2023
Luciana Barreto

Todos os direitos reservados à
Pallas Editora e Distribuidora Ltda.

editoras
Cristina Fernandes Warth
Mariana Warth

coordenação editorial e capa
Daniel Viana

assistente editorial
Daniella Riet

revisão
BR75 | Aline Canejo e Valéria Inez Prest

Este livro segue as novas regras do
Acordo Ortográfico da Língua Portuguesa.

DADOS INTERNACIONAIS DE CATALOGAÇÃO NA PUBLICAÇÃO (CIP)
(CÂMARA BRASILEIRA DO LIVRO, SP, BRASIL)

Barreto, Luciana
Discursos de ódio contra negros nas redes sociais / Luciana Barreto. --
Rio de Janeiro : Pallas Editora, 2023.

Bibliografia.
ISBN 978-65-5602-114-0

1. Discriminação racial 2. Discurso de ódio na Internet - Legislação -
Disposições penais 3. Negros - Identidade étnica 4. Racismo 5. Redes
sociais on-line - Aspectos sociais I. Título.

23-175810   CDU-34:007

Índices para catálogo sistemático:
1. Discurso de ódio : Redes sociais : Sociedade da
Informação : Direito 34:007
Aline Graziele Benitez - Bibliotecária - CRB-1/3129

Pallas Editora e Distribuidora Ltda.
Rua Frederico de Albuquerque, 56 – Higienópolis
CEP 21050-840 – Rio de Janeiro – RJ
Tel./fax: 21 2270-0186
www.pallaseditora.com.br | pallas@pallaseditora.com.br

Dedico este trabalho à minha filha Maria Clara Gilmore Farias Nascimento, por todas as vezes que compreendeu minha ausência e a transformou em afeto. Para você, meu amor, os versos do samba que me toca a alma:

O céu de repente anuviou
E o vento agitou as ondas do mar
E o que o temporal levou
Foi tudo que deu pra guardar
Só Deus sabe o quanto se labutou
Custou, mas depois veio a bonança
E agora é hora de agradecer
Pois quando tudo se perdeu
E a sorte desapareceu
Abaixo de Deus só ficou você.

(*Quando a gira girou*.
Serginho Meriti & Claudinho Guimarães)

AGRADECIMENTOS

Esta pesquisa só foi possível porque conheci pessoas que compartilharam comigo um pouco de tempo, conhecimento e afeto. Outros me abriram portas. Meu agradecimento ao Dr. Humberto Adami, o primeiro que me indicou para participar do International Visitor Leadership Program (IVLP), e ao Departamento de Estado dos Estados Unidos, na pessoa de Victor Tamm, por viabilizar a viagem que foi o motivador deste estudo.

À Maria da Penha de Carvalho Barreto e à Osmaria Barreto Farias, minhas tia e mãe, mulheres fortes que guardaram meus bens mais preciosos. Sem vocês, eu não conseguiria.

Ao meu orientador Fabio Sampaio de Almeida, pelo ensinamento com descontração, orientação sem imposição, estímulo e amizade, que me transmitiu incansáveis informações.

Aos MEUS AMIGOS, que, direta ou indiretamente, estiveram presentes na minha vida, me incentivando e ajudando em mais esta etapa.

SUMÁRIO

Prefácio **11**

Introdução **15**

Um breve contexto brasileiro **18**

Capítulo 1 **Condições sócio-históricas que permitem o surgimento do discurso de ódio contra negros no Brasil** **25**

Ideologia e racismo no Brasil **26**

A ruptura com o mito da democracia racial e a luta do movimento negro **31**

Redemocratização e Políticas de ação afirmativa **39**

A polarização da sociedade brasileira na conjuntura atual **46**

Capítulo 2 **Liberdade de expressão e discurso de ódio** **51**

O que é ódio? O que é discurso de ódio? **52**

Haters, trolls e a *web* e o que diz a legislação **60**

Teaching Tolerance e um novo caminho **62**

Capítulo 3 **Análise de dados** **65**

Apontamentos metodológicos **66**

Senti na Pele: uma experiência de combate ao ódio racial **68**

Discursos de ódio contra negros no Brasil **78**

Considerações finais **97**

Referências **103**

PREFÁCIO

FLÁVIA OLIVEIRA
(JORNALISTA)

Luciana Barreto é uma mulher negra, cria de Nova Iguaçu, na Baixada Fluminense, região ocupada predominantemente por pessoas autodeclaradas pretas ou pardas. Formada pela PUC-Rio, mestre em relações étnico-raciais pelo Cefet/RJ, exerce há mais de duas décadas um jornalismo assentado na ética, na sensibilidade e no compromisso com suas origens. Na carreira, dedica-se intensamente a pautas sobre enfrentamento ao racismo e a luta por liberdade e pelo bem-viver. Pelo ativismo na profissão mereceu todos os prêmios que ganhou.

Não surpreende, portanto, que a jornalista corajosa e consciente tenha levado para a academia inquietações que forjaram sua trajetória profissional. Foi a partir de uma viagem aos EUA pelo programa Visitante Internacional, do Departamento de Estado, que o olhar de Luciana Barreto voltou-se às, ali ainda incipiente, manifestações racistas no mundo digital.

A internet e as redes sociais emergiram sob a utopia de conectar, aproximar e mobilizar gente de cada canto do planeta em torno de uma agenda de liberdade, igualdade, fraternidade. Serviria à democracia, via compartilhamento de informações, convergência de propósitos, atuação em rede.

Lamentavelmente, não foi só isso. À terra fértil misturou-se o lodo. Das plataformas digitais emergiram também os crimes de ódio racial, entre tantas outras manifestações de preconceito, discriminação, aniquilamento de pessoas tomadas como inimigas por fomentadores da perseguição politico-ideológica ladeados por um rebanho igualmente mal-intencionado.

Hoje, o Brasil e o mundo já experimentaram o que a violência digital pode provocar em indivíduos, comunidades, grupos sociais, instituições democráticas. Aqui e lá fora multiplicam-se propostas de parâmetros de conduta, regulação e responsabilização das plataformas digitais pelos danos decorrentes de conteúdos orientados pelo ódio e impulsionados por (muito, muito, muito) dinheiro. Na origem deste debate estavam o faro jornalístico e o interesse acadêmico de Luciana Barreto.

A fagulha original se deu em 2016, último ano do segundo mandato de Barack Obama, o primeiro presidente negro dos EUA; no Brasil, época da deposição por impeachment de Dilma Rousseff, primeira mulher a presidir o país. Era véspera, portanto, da ascensão à Casa Branca e ao Palácio do Planalto de dois governantes de extrema-direita, Donald Trump e Jair Bolsonaro, respectivamente. Um par de políticos que fizeram da intolerância plataforma política, da liberdade de expressão ferramenta de ataque.

A dissertação de mestrado, ora tornada livro, tem contribuição pública inequívoca, por documentar a dimensão digital do racismo no Brasil. Luciana Barreto, primeiro, visita a História. Trata da origem do ódio racial, tão antigo quanto o país forjado sob a chibata da escravidão imposta pelos portugueses a negros e indígenas. Elenca a resistência dos movimentos por liberdade e direitos, que desconstruiu o mito da democracia racial e formatou, mesmo à margem dos espaços de poder, arcabouço legal e intervenções por dignidade humana e inclusão. Passa pela redemocratização, nos anos 1980, e pelas experiências recentes de ações afirmativas, até pousar no ambiente inflamado dos dias atuais, de polarização política e supremacismo branco ressuscitado.

A segunda parte da obra se debruça sobre a apropriação da liberdade de expressão pelo discurso de ódio. No novo tempo, reivindica-se sem qualquer pudor o direito de atacar adversários, destruir reputações, incitar violência, conspirar contra a democracia. E desqualificar, ofender, perseguir, agredir negros, mulheres, pessoas LGBTQIAP+, religiosos dos cultos de matriz africana e quem mais chegar. Não importa se o gatilho acionado nas plataformas digitais se materializar no mundo real.

A autora apresenta o alvorecer do racismo virtual a partir da página no Facebook Senti na pele, criada em 2015 por Ernesto Xavier, jornalista e antropólogo. A intenção original – expor e combater o racismo a partir de relatos de experiências cotidianas de preconceito sofrido por negras e negros brasileiros – desembocou numa avalanche de comentários de ódio, fazendo da rede social um "pelourinho moderno", nas palavras do professor Luiz Valério Trindade, da Universidade de Southampton, no Reino Unido.

Aqui também o leitor vai conhecer a experiência do Teaching Tolerance, programa implementado nos anos 1990 no estado americano do Alabama. A plataforma contém ferramentas para auxiliar professores no enfrentamento ao discurso de ódio nas instituições de ensino. Em mais uma prova da sensibilidade e da competência de Luciana Barreto, esta é outra agenda urgente do Brasil de 2023, que se apavora com a multiplicação de episódios de violência contra escolas, muitos deles planejados via internet.

Discursos de ódio contra negros é livro que diagnostica e denuncia, ensina e alerta. Se preocupa, Luciana Barreto também nos esperança, seja pela memória de luta do povo preto no Brasil, seja por apresentar iniciativas de enfrentamento ao racismo digital e aos discursos de ódio. A resistência é permanente. Seguimos.

INTRODUÇÃO

Esta história começa em junho de 2016. Caro leitor, peço que não se deixe enganar pelo título desta dissertação: trata-se de uma história de esperança. E tem início depois de um convite do Departamento de Estado dos Estados Unidos para conhecer projetos que tratavam do respeito à diversidade entre os estadunidenses. A viagem tinha como temática a "inclusão social nos Estados Unidos". Era o último ano do governo de Barack Obama, o primeiro presidente negro do país. Recebi o convite para participar do International Visitor Leadership Program (IVLP) por minha atuação no Brasil como uma ativista antirracista e em prol dos Direitos Humanos. Naquele momento, meu ativismo já ultrapassava meu trabalho jornalístico – este último também já bastante voltado para o respeito à diversidade.

Os projetos de combate ao ódio eram muitos nos Estados Unidos. Seria um número a ser comemorado, não fosse sintomático de que era um reflexo de um mundo cada vez mais intolerante. Organizações internacionais, como a ONU, alertavam para o recrudescimento do sectarismo e da xenofobia. Atingiríamos, em pouco tempo, uma crise migratória jamais vista na história da humanidade. Mesmo sabendo que não podemos avaliar historicamente o tempo em que nós mesmos vivemos, era de fácil percepção que o mundo estava ficando pior ao passo que atingia a mais grave crise de intolerância desde a Segunda Guerra Mundial.

Durante a viagem aos Estados Unidos, visitei muitos projetos de combate ao ódio, que iam de cursos para formação de policiais a pesquisas acadêmicas. Um desses programas me chamou a atenção e foi motivador desta dissertação: o Teaching Tolerance, do Estado do Alabama. Trata-se de uma plataforma com vasta programação de ensino e apoio aos professores para combater o discurso de ódio nas escolas. Para alguém que acompanhava se alastrar como erva daninha o ódio contra as minorias, o Teaching Tolerance parecia simplesmente sensacional. Então me dediquei a este projeto como uma forma de fomentar o que chamei de contradiscurso, que era a questão da tolerância e as bases para que ela existisse. Começamos a trabalhar então as ideias do contrato racial, de Charles Mills (1997).

> Um ponto fundamental em Mills é que a supremacia branca se sustenta na invisibilidade, ou seja, todos esses processos de subjugação racial não aparecem para os partícipes das interações sociais como tal, ou aparecem, quando muito, como formas de opressão dos negros, mas nunca privilégio dos brancos. (FERES JR., 2015, p. 96)

Nas ideias de Mills, os brancos são necessariamente beneficiários do racismo e do contrato social que ele impõe, mas não, necessariamente, signatários deste contrato. Portanto, a possibilidade de um acordo em que outro tipo de contrato, em que o respeito e a tolerância prevaleçam, é possível. E esse é o caminho trilhado pelo Teaching Tolerance nos Estados Unidos, e deveria ser também nosso norte aqui no Brasil.

UM BREVE CONTEXTO BRASILEIRO

Desde o fim do século XX, o Brasil passou a conviver com mudanças significativas em sua estrutura social. A desigualdade entre ricos e pobres começou a cair a partir de meados dos anos de 1990, destoando de outros países da América Latina, onde o abismo social se ampliou. Entre 1993 e 2013, o índice de Gini, um indicador que mede o grau de concentração de renda em uma população, apontando a diferença entre os mais ricos e os mais pobres, caiu de 60 para 53 pontos no Brasil – quanto mais perto de zero, menor a desigualdade (WOLFFENBÜTTEL, 2004). A explicação para tal queda vincula-se a uma reorganização do acesso aos níveis mais elevados de escolaridade por parte dos sujeitos oriundos das camadas mais populares da sociedade, seguindo, de modo geral, uma lógica simples: ao estudar mais, o trabalhador ganha mais, uma vez que há maior valorização de determinadas profissões, aquelas que exigem títulos universitários, por exemplo, em detrimento de outras.

No início dos anos 2000, as políticas de reparação, com foco na desigualdade econômica, portanto, ainda focadas no social, deram uma grande contribuição para a mudança no quadro de desigualdade por aqui. Entre 2005 e 2015, com a implementação de ações afirmativas, como as cotas raciais, o percentual de negros quase dobrou nas universidades, saltando de 5,5% para 12,8% de pretos e pardos na academia.

Os termos "pretos" e "pardos" aparecem aqui como categoria de uso do IBGE. Nesta pesquisa, utilizaremos, de maneira geral, o conceito "Negros", seguindo uma tendência do professor Kabengele Munanga, que compõe nosso referencial teórico:

Em meus trabalhos, utilizo geralmente no lugar dos conceitos 'raça negra' e 'raça branca', os conceitos "Negros" e "Brancos", emprestados do biólogo e geneticista Jean Hiernaux, que entende por população um conjunto de indivíduos que participam de um mesmo círculo de união ou de casamento e que, *ipso facto*, conservam em comum alguns traços do patrimônio genético hereditário. (MUNANGA, 2014, p. 13)

Programas como o Prouni, que fornece bolsas de estudos em universidades, fizeram com que o número de alunos pobres nas entidades privadas passasse de 0,8% para 4%. No mesmo período, a escolaridade média do brasileiro subiu, a taxa de analfabetismo caiu e o número de crianças matriculadas na escola também cresceu (NEVES, 2016). Os dados são expressivos e as mudanças foram intensas para um curto período de tempo. Como explica Paixão (2015):

> O Brasil dos dias atuais coleciona diversas políticas públicas, [...] que atuam em nome da igualdade racial. Destacam-se a criação, em 2003, da Secretaria de Políticas para a Promoção da Igualdade Racial (Seppir); a Lei 11.645/2008, que inclui, nos currículos do ensino básico das escolas de todo o país, assuntos relacionados à população africana ameríndia e seus descendentes; e a mais recente Lei 6.738/2013, que estabelece a concessão de 20% das vagas para afrodescendentes – candidatos autodeclarados pretos ou pardos – e indígenas nos concursos públicos do Poder Executivo. No âmbito do Congresso Nacional, em 2010, foram aprovados o Estatuto da Igualdade Racial e, em 2012, a Lei 12.711, que estabeleceu a reserva de vagas dos cursos de graduação das universidades federais de todo o país para alunos egressos de escolas públicas, e incorporou [...] um percentual específico de vagas para alunos pretos e pardos de acordo com a presença relativa, em termos demográficos,

em cada das 27 unidades da Federação brasileira. Finalmente, abordando o que ocorreu no Poder Judiciário, o Supremo Tribunal Federal (STF), em 2012, [...] reconheceu por unanimidade a constitucionalidade das políticas de reserva de vaga que vinham sendo adotadas no país, inclusive [...] em prol de afrodescendentes. (PAIXÃO, 2015, p. 24)

É possível que o brasileiro não tenha acompanhado mudanças tão intensas e com forte peso étnico em áreas sociais num curto período sem que houvesse estranhamento entre classes. Este trabalho tem como foco principal as questões raciais; no entanto, exatamente por haver uma intensa problematização entre questões de raça e classe, nos capítulos seguintes faremos uma breve exposição sobre a temática. Afinal, durante décadas convivemos com os argumentos do mito da democracia racial de forma sólida e irredutível, até os dias de hoje, ainda com "as ideias de Gilberto Freyre recicladas positivamente" e com "uma força inicial que ainda não foi totalmente derrotada, apesar das conquistas sociais alcançadas", como nos alerta Kabengele Munanga (2014, p. 12).

Falar em políticas de reparação neste país sempre foi um tema delicado. Com a ampliação do acesso à internet e a popularização das redes e mídias sociais, acompanhamos uma explosão de opiniões no espaço democrático das redes sociais. Essa relação conflituosa não ficou escondida e, rapidamente, o que pensa o brasileiro a respeito de políticas de ação afirmativa com teor racial veio à tona. Não é possível provar uma correlação direta, mas, durante o mesmo período do *boom* de políticas reparatórias, as denúncias de injúria, racismo e discursos de ódio também aumentaram. Em 2011, a ouvidoria da Secretaria de Políticas para Promoção da Igualdade Racial (Seppir) começou a receber queixas de injúria racial e de racismo. No primeiro ano, foram 219 denúncias, seguidas de um significativo aumento – 413, em 2012, 425 no ano seguinte, 567 em 2014, 656 em 2015 e uma leve queda em 2016 (último registro), com 422 denúncias (BRASIL, 2017).

É digno de nota também que, em 2019, no momento da conclusão deste trabalho, a Seppir pertencia ao Ministério da Mulher, da Família e dos Direitos Humanos (MMFDH). A página anterior, com denúncias de racismo expostas aqui, já não existia mais; o Disque 100, no entanto, continuava funcionando e registrou um aumento de 19,46% nas denúncias de discriminação racial durante os primeiros dois meses de 2019, início de governo do presidente Jair Bolsonaro. Sobre o Disque 100, nos dois primeiros meses de 2019, foram registradas 113 denúncias no módulo "Igualdade racial". Em 2018, foram 91 casos no período, chegando a 615 nos índices anuais (BRASIL, 2021). As denúncias enviadas pelo administrador da página Senti na Pele foram identificadas e classificadas como discurso de ódio pelo próprio administrador (XAVIER, 2017). Limitamo-nos, no capítulo "Análise de dados" a prosseguir com o trabalho sem considerar os critérios utilizados pelo administrador para a classificação.

Esta pesquisa está dividida em etapas. Nosso objeto de estudo são comentários previamente identificados como discurso de ódio e cedidos para nós pela página Senti na Pele, da rede social Facebook, que tem como objetivo coletar denúncias de preconceito racial contra negros. Para uma observação quantitativa, utilizamos, em um primeiro momento, dados da ONG SaferNet (2023). Tais denúncias também já foram previamente identificadas por essa ONG como discurso de ódio contra negros em redes sociais. De acordo com a SaferNet, que trabalha com dados específicos da *web*, cerca de 63% das denúncias recebidas pela Central Nacional de Crimes Cibernéticos estão relacionadas ao discurso de ódio. E o racismo corresponde a quase um terço dos crimes, ocupando o topo das denúncias. Para definição de crime, a ONG delimita "qualquer tipo de preconceito baseado na ideia da existência de superioridade de raça, manifestações de ódio, aversão e discriminação que difundem segregação, coação, agressão, intimidação, difamação ou exposição de pessoa ou grupo" (SAFERNET, 2023).

Também fazemos aqui, no decorrer da pesquisa, uma diferenciação entre liberdade de expressão e discurso de ódio. O que diz a legislação brasileira? Por aqui, a garantia constitucional de liberdade de expressão, assegurada pelo artigo 5, inciso IX da Constituição Federal, é evocada inúmeras vezes para justificar o discurso de ódio.

> A fronteira entre a liberdade de expressão e de ódio costuma ser estreita. Com efeito, a definição do que é aceitável, ou não, manifestar ou divulgar varia de um país para o outro. Na internet, um comentário de ódio postado legalmente num país pode ser considerado ilegal nos países onde os critérios sejam mais rigorosos. (MORENO, 2017, p. 100)

O objetivo geral deste trabalho é fazer uma análise dos discursos de ódio contra negros nas redes sociais, levando em consideração este contexto histórico conjuntural aqui exposto e respondendo especificamente às seguintes questões: de que modo se organizam os discursos de ódio racial na internet? Existe uma organização discursiva recorrente utilizada por parte dos *haters*? Discutiremos o conceito de *haters* (MPF, 2017), que muitas vezes chamaremos também de odiadores, no capítulo 2. Do ponto de vista jurídico, falaremos da fronteira entre a liberdade de expressão e o discurso de ódio, ou seja, estamos falando dos limites de entendimento da legislação e sua utilização para oprimir, hierarquizar ou excluir. Diferentemente da discussão jurídica, quando utilizamos o conceito "racismo", estamos tratando estritamente de um sistema ideológico de hierarquização de raças utilizado para dominação e exclusão. Desse modo, definimos como objetivos específicos: a) analisar discursivamente discursos de ódio contra negros e negras na internet; b) descrever a organização discursiva desses discursos para compreender seu funcionamento social.

Um ano após o início deste estudo, percebi que era importante delimitar o que entendemos por "ódio racial" e como se formulam esses discursos, ou seja: o que caracteriza um discurso de ódio? Podemos falar em intensidade e vocabulário comuns?

Para responder a essas questões, mergulhamos então no conceito de ódio ligado ao sentimento produzido pelo racismo e formulado pelo filósofo francês Cornelius Castoriadis (1992, p. 32): "Trata-se da aparente incapacidade de se constituir como si mesmo, sem excluir o outro; em seguida, da aparente incapacidade de excluir o outro sem desvalorizá-lo, chegando, finalmente, a odiá-lo."

Passamos a buscar também as bases ideológicas do racismo e suas consequências, diferenciando as questões de raça e classe como nos ensina Kabengele Munanga (2012). Para tratar do modo como o ódio se constrói e atua estruturalmente na sociedade, adotamos os conceitos de ideologia e raça como categorias discursivas de Stuart Hall (2006); nas questões de linguagem, a concepção de dialogismo de Bakhtin (1997) se tornou peça-chave para o entendimento desse processo. A partir desse referencial teórico, passei a entender o discurso de ódio baseado na raça como uma construção de caráter não argumentativo. Sem intenção de convencer ou converter. "O racismo não quer a conversão dos outros, ele quer a sua morte" (CASTORIADIS, 1992, p. 36).

Seguindo essa trilha, teremos no primeiro capítulo as condições sócio-históricas que precedem o surgimento dos discursos de ódio nas redes sociais contra negros no Brasil, considerando as questões ideológicas que envolvem raça e classe, o mito da democracia racial, um breve histórico do movimento negro no país e as políticas de reparação – conquistas dos últimos tempos que levaram a uma polarização da sociedade brasileira na atual conjuntura. Em seguida, trataremos do que entendemos por ódio, o que é o discurso de ódio, como agem personagens no ambiente da *web* – *trolls* e *haters*, a legislação sobre o tema do ódio na internet e quais são os caminhos para combatê-lo. Então, passaremos à pesquisa em si e, efetivamente, ao processo de análise dos discursos.

CAPÍTULO 1
CONDIÇÕES SÓCIO-HISTÓRICAS QUE PERMITEM O SURGIMENTO DO DISCURSO DE ÓDIO CONTRA NEGROS NO BRASIL

IDEOLOGIA E RACISMO NO BRASIL

As estratégias de combate ao racismo tomaram boa parte do tempo dos ativistas ao longo do século passado. Neste primeiro capítulo, optamos por fazer um breve recorte histórico partindo do pós-abolição, com ênfase na segunda metade do século XX, quando muito se debateu e construiu para derrubar o mito da democracia racial.

Entendemos aqui o racismo, em poucas palavras, como uma ideologia cujo objetivo é garantir a determinado grupo, tido como superior, vantagens e privilégios na disputa por recursos. Nas palavras resumidas da intelectual, ativista e ex--ministra da Igualdade Racial, Nilma Lino Gomes, "o racismo imprime marcas negativas em todas as pessoas, de qualquer pertencimento étnico-racial, e é muito mais duro com aqueles que são suas vítimas diretas" (MUNANGA, 2012, p. 9).

O racismo está entranhado em todos os setores da estrutura social brasileira. Numa sociedade racista como a brasileira, tanto vítimas quanto formuladores dos discursos de ódio têm suas identidades e autonomia afetadas, ou seja, ninguém escapa dessa ideologia. Como explica o professor Munanga (2012, p. 15), "para ser racista, coloca-se como postulado fundamental a crença na existência de 'raças' hierarquizadas dentro da espécie humana. De outro modo, no pensamento de uma pessoa racista existem raças superiores e raças inferiores". Não há dúvidas de que as vítimas diretas da ideologia racista em nosso país são os negros e todo o seu colorismo, ou seja, a discriminação pela cor da pele, comum em países que sofreram a colonização europeia e em países pós-escravocratas. De uma maneira simplificada, o termo quer dizer que, quanto mais pigmentada uma pessoa, mais exclusão e discriminação irá sofrer (SILVA, 2017).

Faz referência a uma expressão mais contemporânea, que resume bem toda uma política de branqueamento e resultou nesse processo tão complexo para o entendimento da questão racial na atualidade. Somos da época em que são necessárias "polêmicas" comissões para avaliação do fenótipo que pode registrar quem é ou não o afrodescendente que pode ser beneficiado nas políticas de reparação, como as cotas em concursos públicos e universidades (CHIBA, 2016). Mas, no passado, já tivemos inclusive teses que traçavam o caráter com maior ou menor dignidade através da cor da pele. É o caso da tese do sociólogo e jurista Francisco José de Oliveira Vianna.

> [...] o tipo superior, seria ariano pelo caráter e pela inteligência, ou pelo menos suscetível de arianização; portanto, capaz de colaborar com os brancos na organização e civilização do país. (PEREIRA, 2013, p. 74)

Os negros têm sido, física e ideologicamente, agredidos e vítimas da exclusão e alienação, são os que Nilma Lino chama de "vítimas diretas". Essa explicação é fundamental para entendermos as construções discursivas racializadas ou racistas no Brasil. Se todos são vítimas da ideologia racista numa sociedade como a nossa, a quem interessa o racismo? Como nos ensina Gramsci, as ideias "não nascem espontaneamente em cada cérebro individual" (HALL, 2006, p. 307).

> O racista cria a raça no sentido sociológico, ou seja, a raça no imaginário do racista não é exclusivamente um grupo definido pelos traços físicos. A raça na cabeça dele é um grupo social com traços culturais, linguísticos, religiosos etc. que ele considera naturalmente inferiores ao grupo ao qual ele pertence. (MUNANGA, 2004, p. 5)

As questões que envolvem o racismo brasileiro não podem desprezar os conceitos de colorismo, miscigenação e democracia racial – os dois primeiros já expostos aqui – e toda a gama de consequências que eles trazem. O colorismo, como já mencionamos, é um conceito atual que mostra a hierarquização de oportunidades conforme nossa diversidade de cores e tons de pele, resultante da miscigenação dos brasileiros, em que o negro com tom de pele mais clara teria mais oportunidades que o mais retinto (SILVA, 2017). A democracia racial, por outro lado, é a crença de que viveríamos em igualdade de oportunidades independentemente de nossos tons de pele, em especial para a inferiorização do negro, conforme explica a historiadora Lilia Schwarcz:

> No Brasil as teorias ajudaram a explicar a desigualdade como inferioridade, mas também apostaram em uma miscigenação positiva, contanto que o resultado fosse cada vez mais branco. Tingido pela entrada maciça de imigrantes – brancos e vindos de países como Itália e Alemanha –, introduziu-se no Brasil um modelo original, que, em vez de apostar que o cruzamento geraria a falência do país, descobriu-se nele a possibilidade de branqueamento. Dessa forma, paralelamente ao processo que culminaria na libertação dos escravos, iniciou-se uma política agressiva de incentivo à imigração, ainda nos últimos anos do Império, marcada por uma intenção também evidente de "tornar o país mais claro". (SCHWARCZ, 2012, p. 39)

O resultado aparece com gravidade na construção da identidade e na vida cotidiana do brasileiro. A aparência do negro brasileiro e a estética negra são alvos constantes de discurso de ódio, como veremos no final desta pesquisa. "A alienação do negro tem se realizado pela inferiorização do seu corpo antes de atingir a mente, o espírito, a história e a cultura" (MUNANGA, 2012, p. 17). Acostumamo-nos com a complexidade das nossas relações raciais ao longo da história.

Por meio de análises diversas, a especificidade do preconceito no Brasil fica evidenciada nesse caráter privado e pouco formalizado. O resultado é a confusão de miscigenação com ausência de estratificação, além da construção de uma idealização voltada para o branqueamento.

Chegamos, de tal modo, não só ao "quanto mais branco melhor" como à já tradicional figura do "negro de alma branca"; branca na sua interioridade, essa figura representou, sobretudo até os anos 1970, o protótipo do negro leal, devotado ao senhor e sua família, assim como à própria ordem social. (SCHWARCZ, 2012, p. 71)

Traçamos aqui um pequeno roteiro da complexidade das questões raciais em nosso país. No entanto, como nos aponta Stuart Hall, apesar de todos os detalhes, uma simples observação é suficiente para entender o que, na prática, muitos de nós já sabemos.

Todos nós sabemos sobre raça: sua realidade. Dá para ver seus efeitos, dá para vê-la nos rostos das pessoas à sua volta, dá para ver as pessoas se remexendo quando pessoas de um outro grupo racial entram na sala. Dá para ver a discriminação racial funcionando nas instituições, e assim por diante. Para que toda essa algazarra acadêmica sobre raça, quando você pode apenas voltar-se para a sua realidade? (HALL, 2015)

Faremos um breve histórico dessa luta, acadêmica, mas também artística, cultural e política, que tomou boa parte do tempo de ativistas durante o século XX para derrubar o mito da democracia racial. É importante salientar que veremos de modo breve, uma vez que não cabe a este trabalho o aprofundamento de alguns desses eventos, a fim de traçar um embasamento para nosso foco de pesquisa: uma análise da organização discursiva e o funcionamento social dos discursos de ódio contra negros nas redes sociais. Em outras palavras, não espere o leitor encontrar aqui a história do movimento negro no Brasil com riqueza de detalhes.

A RUPTURA COM O MITO DA DEMOCRACIA RACIAL E A LUTA DO MOVIMENTO NEGRO

A ideia de branqueamento persegue o Brasil desde o fim do século XIX, com o término do período escravocrata. Na verdade, os prognósticos, muitas vezes, davam conta de um evolucionismo que eliminaria "raças inferiores", como o do famoso médico baiano adepto do darwinismo racial Nina Rodrigues; ou de teorias pró-miscigenação, como a do antropólogo Roquete Pinto, no primeiro Congresso Brasileiro de Eugenia:

> No Brasil, o eugenismo desenvolveu-se na virada do século e nas primeiras décadas do século XX, com grandes efeitos na ideologia e na política social. Os eugenistas norte-americanos adotaram à risca a eugenia mendeliana, que seguia estritamente a herança genética e suas implicações raciais. Já a maioria dos eugenistas brasileiros seguiu a linha neolamarckiana, que era a visão dominante entre os franceses, com os quais mantinham fortes ligações intelectuais. O neolamarckianismo argumentava que as deficiências genéticas poderiam ser superadas em uma única geração. Apesar de ter tido uma vida curta, a predominância desta linha de pensamento entre os eugenistas brasileiros na virada do século teve implicações enormes na interpretação da ideia de raça nas décadas seguintes. (TELLES, 2003, p. 45)

Falavam de "um país cada vez mais branco" com a previsão de que "em 2012 teríamos uma população composta de 80% de brancos e 20% de mestiços; nenhum negro, nenhum índio" (SCHWARCZ, 2012, p. 24-26).

A ideia de branqueamento através da miscigenação era amplamente debatida entre os "homens da ciência" brasileiros. E entre eles havia os que tinham uma visão otimista e os que tinham uma visão pessimista em relação ao processo de branqueamento. Entre os otimistas destacam-se João Batista de Lacerda (1846-1915), Sylvio Romero (1851-1914) e Oliveira Vianna (1883-1951). Já entre os pessimistas destaca-se Raimundo Nina Rodrigues (1862-1906).

Esses pensadores estavam dialogando diretamente com as teorias raciais vigentes em sua época e buscando uma saída original para a problemática racial no Brasil. Os pessimistas em relação ao branqueamento da população brasileira compartilhavam mais da teoria de Gobineau, segundo a qual a mestiçagem levaria à degenerescência da raça inexoravelmente. No caso do pensamento de Nina Rodrigues, a miscigenação, embora inevitável, constituiria um povo inferior necessariamente, se comparado aos europeus, devido à presença do "sangue negro" em sua formação. (PEREIRA, 2013, p. 69)

A obstinação brasileira pela ideia de branqueamento é constante e vai nos ajudar a entender as atuais construções discursivas. Os estudos que tratavam da extinção de negros e índios deram lugar, rapidamente, à valorização da mestiçagem, "em especial a partir dos anos 1930, quando a propalada ideia de uma 'democracia racial', formulada de modo exemplar na obra de Gilberto Freyre, foi exaltada de maneira a menosprezar as diferenças diante de um cruzamento racial singular".

Se nos finais do XIX e inícios do XX o ambiente nacional encontrava-se carregado de teorias pessimistas com relação à miscigenação – que por vezes previam a falência da nação, por vezes o (necessário) branqueamento –, foi nos anos de 1930 que o mestiço transformou-se definitivamente em ícone nacional, em um símbolo de nossa identidade cruzada no sangue, sincrética na cultura, isto é, no samba, na capoeira, no candomblé, na comida e no futebol. (SCHWARCZ, 2012, p. 28)

No que tange aos temas miscigenação e identidade nacional, Gilberto Freyre, certamente, é o nosso representante maior. Freyre "é, talvez, o mais complexo, difícil e contraditório entre nossos grandes pensadores" (SOUZA, 2000, p. 69). *Casa-grande & senzala*, sua obra mais famosa, publicada em 1933, é uma das mais estudadas e atacadas por quem entende que a celebrada harmonia racial no Brasil sempre foi uma farsa.

> Freyre mantinha intocados em sua obra, porém, os conceitos de superioridade e de inferioridade, assim como não deixava de descrever e por vezes glamorizar a violência e o sadismo presentes durante o período escravista. Senhores severos, mas paternais, ao lado de escravos fiéis, pareciam simbolizar uma espécie de "boa escravidão", que mais servia para se contrapor à realidade norte-americana. Nesse momento, os Estados Unidos pareciam exemplificar a existência de uma escravidão mercantil, com criadouros de cativos e leis segregadoras. Já o Brasil construía sua própria imagem manipulando a noção de um "mal necessário": a escravidão teria sido por aqui mais positiva do que negativa. Difícil imaginar que um sistema que supõe a posse de um homem por outro possa ser benéfico. Mais difícil ainda obliterar a verdadeira cartografia de castigos e violências que se impôs no país, onde o cativeiro vigorou por quatro séculos e tomou todo o território nacional. (SCHWARCZ, 2012, p. 51)

Não chega a ser surpreendente que, depois de muitas análises e estudos como este, o combate à discriminação racial e, especialmente, ao mito da democracia racial freyriano tenha dominado toda a pauta do movimento negro e o tempo dos ativistas durante a maior parte do século passado. Como já abordamos aqui, passamos a estudar, entender e lidar com nossas complexidades. Nesse contexto, era cada vez mais relevante trabalhar pela construção da identidade negra como forma de combate ao racismo.

> A partir de meados da década de 1970, cada vez mais a busca da chamada "consciência da negritude" em oposição à ideia de "branqueamento" – que, juntamente com a ideia de "democracia racial", segundo Antônio Sérgio Guimarães, seriam "conceitos de um novo discurso racialista" presente na obra de Gilberto Freyre –, tornava-se um aspecto fundamental para a construção de identidades negras positivadas. (PEREIRA, 2013, p. 85)

Na década de 1970, Florestan Fernandes, sociólogo branco, unia-se às vozes de estudiosos e militantes negros no combate à chamada "democracia racial", que ele classificava como "sem nenhuma consistência" e "um mito cruel". Atacava a miscigenação como um mecanismo cujo objetivo "não era nem a ascensão social de certa porção de negros e de mulatos, nem a igualdade racial". Para Florestan Fernandes (2007), "a eficácia das técnicas de dominação racial" serviam para manter "o equilíbrio das relações raciais" e assegurar a "continuidade da ordem escravista".

> Criou-se e difundiu-se a imagem do "negro de alma branca" – o protótipo do negro leal, devotado ao seu senhor, à sua família e à própria ordem social existente. Embora essa condição pudesse ser, ocasionalmente, rompida no início do processo, nenhum "negro" ou "mulato" poderia ter condições de circulação e de

mobilidade se não correspondesse a semelhante figurino. Daí o paradoxo curioso. A mobilidade eliminou algumas barreiras e restringiu outras apenas para aquela parte da "população de cor" que aceitava o código moral e os interesses inerentes à dominação senhorial. Os êxitos desses círculos humanos não beneficiaram o negro como tal, pois eram tidos como obra da capacidade de imitação e da "boa cepa" ou do "bom exemplo" do próprio branco. Os insucessos, por sua vez, eram atribuídos diretamente à incapacidade residual do "negro" de igualar-se ao "branco". Essas figuras desempenharam, dessa maneira, o papel completo da exceção que confirma a regra. Forneciam as evidências que demonstrariam que o domínio do negro pelo branco é em si mesmo necessário e, em última instância, se fazia em benefício do próprio negro. (FERNANDES, 2007, p. 45, grifos do autor)

Ao mesmo tempo que intelectuais e acadêmicos, especialmente da Universidade de São Paulo, questionavam o mito da democracia racial, ativistas do movimento negro entravam em uma fase mais agressiva de combate ao racismo e formulação de políticas públicas – como trataremos no próximo tópico. É o caso de Abdias Nascimento (1914-2011), que foi, possivelmente, o mais importante intelectual e ativista do movimento negro no século XX, atuando na política. Em 1982, participando de suas primeiras eleições, Abdias foi eleito para o posto de deputado federal pelo Rio de Janeiro, sob a bandeira da luta contra o racismo. Era a primeira vez na história do Brasil que um afrodescendente assumia esse cargo com as bandeiras da luta do movimento negro. Como seria de se esperar, Abdias não foi bem recebido pelos demais políticos, que julgavam absurdas as suas bandeiras. No entanto, aos poucos e com muita insistência, ele soube fazer valer seus discursos e suas propostas, como o questionamento à comemoração da data do 13 de maio e a demanda pela oficialização do dia 20 de novembro como Dia da Consciência Negra. Em 1991, Abdias chegou ao Senado. Depois, foi nomeado secretário de Defesa e Promoção da Igualdade Racial do Governo do Estado do Rio de Janeiro, quando Leonel Brizola era o governador. Após a morte de Darcy Ribeiro, em 1996, assumiu outra vez a cadeira do Senado, permanecendo até 1998 (MAB, 2014). Também teve papel relevante na cultura, através do Teatro Experimental do Negro. O TEN surgiu em 1944, no Rio de Janeiro, como um projeto idealizado por Abdias Nascimento, com a proposta de valorização social do negro e da cultura afro-brasileira por meio da educação e da arte, bem como com a ambição de delinear um novo estilo dramatúrgico, com uma estética própria (FCP, 2008). Em sua autobiografia, Abdias registra, em primeira pessoa, a imutabilidade do racismo no Brasil desde os tempos da escravidão:

> O Teatro Experimental do Negro veio também para enfrentar esse problema e inserir, nesse contexto de alienação da dramaturgia e do espetáculo, um outro tipo de alternativa estética, que é mostrar o negro como um valor estético automaticamente brasileiro. Assim, o Teatro Experimental do Negro nasceu nessas circunstâncias e teve que enfrentar uma grande luta inicial com os meios de comunicação de massa. Logo que nós o divulgamos, sobretudo através do jornal *O Radical*, que na época era muito aberto ao nosso grupo, recebemos muitas críticas públicas da imprensa, querendo matar a ideia logo no nascedouro. Diziam que íamos constituir um grupo palmarista, uma coisa segregacionista... Essas coisas que sempre dizem quando o negro quer ter qualquer gesto afirmativo, quer qualquer proposta de transformação do *status quo*.

É claro que, para os beneficiários do racismo, é muito incômodo que nós mexamos nas estruturas racistas da sociedade brasileira, as quais não são de hoje, mas vêm desde 1500. Elas se transformam, se modificam, se enriquecem, mudam de tática e estratégia, mas a estrutura do racismo permanece a mesma coisa, desde o tempo da escravidão até hoje. Ela tem feito concessões, como uma manobra para se recuperar depois, mas sempre é assim. Veem todas aquelas leis que antecederam a abolição da escravatura? Foram grandes manobras, até a manobra da abolição. E essa grande manobra é simplesmente uma estratégia de genocídio. (SEMOG, 2006, p. 124)

O depoimento de Abdias Nascimento contém riquezas, preciosidades sobre o discurso reativo em relação às políticas de ação afirmativa, como a acusação de "constituir um grupo palmarista" ou de tais políticas serem "segregacionistas", exatamente como veremos se repetir ao longo de décadas e já nos dias de hoje, nas redes sociais, como veremos mais adiante.

Décadas após o desabafo de Abdias Nascimento, o pensador camaronês Achille Mbembe, em seu livro *Necropolítica*, afirmaria também que "qualquer relato histórico do surgimento do terror moderno precisa tratar da escravidão". Em convergência ainda com este pensamento de Abdias, prossegue:

Racismo é, acima de tudo uma tecnologia destinada a permitir o exercício do biopoder, "este velho direito de matar". Na economia do biopoder, a função do racismo é regular a distribuição da morte e tornar possíveis as funções assassinas do Estado. (MBEMBE, 2018, p. 18)

Achille Mbembe é considerado um dos mais agudos pensadores da atualidade. Leitor de Fanon e Foucault, com notável erudição histórica. Nascido nos Camarões, é professor de História e Ciências Políticas na Universidade de Witwatersrand, em Joanesburgo, e na Duke University, nos Estados Unidos. No ensaio *Necropolítica*, Mbembe baseia-se no conceito foucaultiano de biopoder, que o próprio Mbembe resume como "o poder e a capacidade de ditar quem pode viver e quem deve morrer. Por isso, matar ou deixar viver constituem os limites da soberania, seus atributos fundamentais. Ser soberano é exercer controle sobre a mortalidade e definir a vida como a implantação e manifestação de poder" (MBEMBE, 2018, p. 5).

REDEMOCRATIZAÇÃO E POLÍTICAS DE AÇÃO AFIRMATIVA

Os números dos levantamentos demográficos em nosso país revelam dados curiosos sobre as questões de raça. Desde o primeiro ano, 1872, quando o Brasil ainda era império, as variações foram muitas, do percentual da composição da população negra no país às interrupções dos questionamentos relativos à cor e raça nas pesquisas. Desde 1890, o levantamento demográfico é feito a cada dez anos no Brasil, mas para fins de esclarecimentos, no caso do Censo, a variável cor ou raça não foi indagada em 1900, 1920 e 1970.

> Uma leitura da presença preta & parda na população residente no Brasil naqueles diversos levantamentos revela informações no mínimo curiosas. Assim, em toda a história das pesquisas demográficas oficiais no país, somente em 1872 os pretos & pardos, em condição livre e escravizada, formavam a maioria da população, respondendo por 58,0% do total (38,3% pretos, 19,7% pardos). Já no levantamento de 1890, o primeiro da República, o percentual de pretos e mestiços (denominação dada naquele levantamento aos pardos) foi de 47,0%. De qualquer maneira, naquele levantamento, os classificados como caboclos responderam por 9,0%, fazendo com que os brancos, em 1890, correspondessem a 44% dos residentes no país. (PAIXÃO *et al.*, 2010, p. 92)

E, quando consideramos somente a proporção da população preta & parda, a situação fica ainda mais curiosa: uma inversão total na composição racial brasileira em um período de menos duas décadas.

Em termos da proporção entre os que se declaravam pretos e pardos ao longo daqueles levantamentos, revela-se que em 1872 havia praticamente dois pretos para cada pardo. Já em 1890 esta proporção se alteraria para 2,2 pardos para cada preto. Esta desproporção foi aumentando paulatinamente ao longo de sucessivos Censos: 2,4 em 1950; 6,6 em 1980; 7,2 em 2000; porém tendo se reduzido para 6,4 em 2008. Estes movimentos podem ser lidos de diversas formas, desde seus aspectos mais propriamente demográficos até englobando dimensões sociais, culturais e políticas. (PAIXÃO *et al.*, 2010, p. 92)

No Censo de 1991, o movimento negro promovia a campanha "Não deixe sua cor passar em branco". E na primeira década dos anos 2000, mais precisamente na PNAD (Pesquisa Nacional por Amostra de Domicílios) de 2008, pretos e pardos atingiriam 50,6% da população brasileira. Enquanto os números na autodeclaração da população negra eram celebrados, indicando um certo avanço na frente de luta contra o mito da democracia racial e de um país miscigenado reconhecendo a origem étnica do brasileiro, todos os outros indicadores sociais e econômicos relativos a esta população necessitavam de atenção especial. No período entre 1930 e 1980, a taxa de crescimento econômico no Brasil era de 6,8%. No entanto, quando consideramos mortalidade, acesso ao sistema de saúde, segurança alimentar, assistência social, educação, mercado de trabalho ou qualquer outro indicador no mesmo período, a população negra encabeçava os piores índices.

Desde a promulgação da Constituição [Cidadã] de 1988, as diferentes frentes vinculadas ao movimento negro brasileiro, de um modo ou de outro, conseguiram pressionar o Estado brasileiro em prol de sua visibilidade e dos seus direitos coletivos.

Os efeitos dessas novas políticas são atualmente visíveis e palpáveis. (PAIXÃO, 2015, p. 24)

Esse quadro foi norteador para as bandeiras do movimento negro em grande parte do século XX. Para recuar um pouco no tempo, lembremos que a história da luta antirracista no período se notabiliza primeiro com a Frente Negra Brasileira, lançada em 1931. A Frente Negra se tornaria o primeiro partido político negro do Brasil e desapareceria em 1937. Durante o tempo de atuação, é lida por grande parte dos ativistas e especialistas contemporâneos, como relata o professor Jacques d'Adesky, como um movimento que "interiorizou um modelo alienante que lhe deixava pouco espaço para pensar e construir uma identidade diferenciada". D'Adesky (2001) enfatiza, ainda, o pensamento do escritor Joel Rufino dos Santos, afirmando que nessa fase "a história do negro é a história que lhe conta o branco, seus heróis são pretos que serviram a brancos: o branco é o superego do negro" (SANTOS, J., 1999, p. 117).

> A Frente Negra queria copiar o exemplo dos novos imigrantes, principalmente os italianos, cuja rápida ascensão social era vista como prova da importância da incorporação dos valores e comportamentos europeus na redução dos preconceitos contra o negro brasileiro.
> Para Florestan Fernandes, a Frente Negra não compreendia que a diversidade étnica poderia ser considerada como uma via de estruturação de consciência e de integração à nacionalidade brasileira. Os atos de denúncia e discriminação racial no emprego, na moradia, na educação e nos locais de lazer compreendiam, sobretudo, ao anseio de receber um tratamento digno e respeitoso. Pois a meta principal era corrigir, antes de mais nada, as injustiças sociais sofridas pelos negros e conquistar

uma situação socioeconômica que pudesse contribuir para sua integração absoluta e completa à vida política, social, religiosa, econômica, militar e diplomática brasileira. (D'ADESKY, 2001, p. 152)

Em 1945, houve uma mudança significativa na atuação da militância. O Teatro Experimental do Negro organizou a Convenção Nacional do Negro, com uma proposta de ações organizadas contra o racismo. Uma Carta Magna cobrava "políticas positivas de igualdade racial, como bolsas de estudos e incentivos fiscais"e explicitava a origem do povo brasileiro, definia o racismo como crime de lesa-pátria e punia sua prática como crime (NASCIMENTO, 1945).

> Será preciso esperar o fim do Estado Novo, em 1945, para ver os militantes se reorganizarem na Convenção Nacional do Negro Brasileiro e, principalmente, em torno do Teatro Experimental do Negro. A Convenção Nacional, que tinha por objetivo a criação de uma nova Associação do Negro Brasileiro, morrerá no nascedouro, enquanto o Teatro Experimental, que desenvolvia suas atividades de protesto, principalmente nas áreas teatral, literária e artística, prosseguirá seu ativismo até 1968, ano em que as autoridades militares obrigaram seu principal líder, Abdias do Nascimento, a se exilar nos Estados Unidos. (D'ADESKY, 2001, p. 165)

A Associação do Negro Brasileiro, como vimos, não foi criada, mas o embrião para ideias que amadureceriam e ganhariam corpo nos anos de 1970 estava germinando.

O Movimento Negro contemporâneo, que surge nos anos 70, vai estruturar-se sobre premissas diferentes. Seu objetivo é subverter, de alto a baixo, a ideologia do branqueamento, desmascarando o mito da democracia racial e seu uso em proveito da classe dominante. Comparado à Frente Negra e aos movimentos antirracistas dos anos 50, o Movimento Negro realiza um verdadeiro corte epistemológico, assumindo a história dos ancestrais, valorizando suas lutas e as reivindicações. A procura de uma simples assimilação é substituída pela afirmação de uma identidade específica. O Movimento Negro aponta a imagem negativa do negro e da África nos livros escolares. Denuncia a discriminação racial, o desemprego, o subemprego e a exploração sexual, econômica e social da mulher negra. (D'ADESKY, 2001, p. 153)

Seguindo essa linha, muitas organizações de luta contra o racismo começaram a atuar nos anos de 1970. O historiador Amilcar Pereira (2013) listou dezenas delas:

Algumas entidades se formaram logo no início da década de 1970, como o Grupo Palmares, no Rio Grande do Sul em 1971; o Centro de Cultura e Arte Negra (Cecan) e o grupo de teatro Evolução, em São Paulo em 1972; o bloco afro Ilê Aiyê em 1974 e o Núcleo Cultural Afro-Brasileiro em 1976, ambos em Salvador; A Sociedade de Intercâmbio Brasil-África (Sinba), em 1974 e o Instituto de Pesquisas das Culturas Negras (IPCN) em São Gonçalo (RJ), em 1975, entre outras. (PEREIRA, 2013, p. 220)

No ano de 1978, um grupo de expoentes militantes da questão racial, como Abdias Nascimento e Lélia Gonzalez entre outros ativistas, criou o Movimento Unificado Contra a Discriminação Racial (MUCDR), rebatizado, em 1979, de Movimento Negro Unificado (MNU). No campo político, o Brasil enfrentava a Ditadura Militar e isso teria grande influência nos direcionamentos da luta antirracista.

O regime militar no Brasil teve um outro lado além de dura repressão política, principalmente durante os chamados "anos de chumbo", que segundo alguns autores, de uma maneira um tanto quanto contraditória, também teria contribuído para a constituição do movimento negro contemporâneo: o chamado "milagre", o crescimento econômico que ocorreu durante os "anos de chumbo", principalmente entre 1968 e 1973, acabou proporcionando um número relativamente grande de negros nas universidades – se comparado com os anos anteriores – e, consequentemente, disputando postos de trabalho de maior remuneração. (PEREIRA, 2013, p. 174-175)

O período de fim da Ditadura Militar e redemocratização foi importante para o diálogo entre o Estado e o Movimento Negro, que exigia políticas públicas de combate ao racismo e pelo bem-estar da população negra; ideias não tão bem aceitas por parte do poder político hegemônico que não dialogava com as questões de raça no país. Foram intensas as pressões no campo político, especialmente por parte de lideranças como Abdias Nascimento, Lélia Gonzalez, Sueli Carneiro, Hélio Santos, Edna Roland e Ivair dos Santos, entre outros. Soma-se a isso um marco na história do movimento negro contemporâneo, como classifica o historiador Amilcar Pereira: as preparações para o centenário da abolição que, ainda segundo o referido autor (2013, p. 305)

> foi considerado por diversos setores do movimento como o momento ideal para provocar a discussão sobre a situação do negro na sociedade brasileira. Um dos principais eventos realizados pelo movimento, nesse sentido, foi a "Marcha contra a farsa da abolição", realizada em 11 de maio de 1988 na Candelária, no Centro do Rio de Janeiro, cujo cartaz de divulgação tinha como título "Nada mudou, vamos mudar".

As pressões por políticas públicas reparatórias não esmoreceriam após as celebrações do centenário da abolição. Em 20 de novembro de 1995, outra marcha, dessa vez lembrando os 300 anos do assassinato de Zumbi dos Palmares, reuniria 30 mil pessoas em Brasília. As lideranças estavam mais fortalecidas, e as pautas, mais definidas. Um ano após a Marcha em Brasília, em 1996, ainda reverberando as pressões do movimento negro, o presidente da República Fernando Henrique Cardoso torna-se o primeiro chefe de Estado do Brasil a reconhecer publicamente a existência de discriminação racial em nossa sociedade. Amilcar Pereira (2013, p. 323) aponta que, "nos anos 1990, muitos ativistas e organizações do movimento negro passaram a se envolver e manter canais de interlocução com diferentes setores da sociedade brasileira e inclusive com instituições internacionais".

> Nesse esforço de implementar um canal de comunicação com ativistas e conter o crescimento político do Movimento Negro, os anos 1990 verão o presidente Fernando Henrique Cardoso inaugurar uma política de ações pragmáticas sobre a questão racial, cujas diretrizes se encontram em uma plataforma eleitoral. No âmbito dessa política pragmática, o presidente Fernando Henrique Cardoso encarregou a Fundação Cultural Palmares de desenvolver, principalmente, estudos que permitam a titulação, pelo Incra, dos territórios remanescentes de quilombos, as chamadas terras de pretos, onde vivem descendentes de escravos. Do ponto de vista simbólico, resulta também dessa política o reconhecimento oficial do líder negro Zumbi como herói nacional. (D'ADESKY, 2001, p. 166)

Esses seriam os primeiros passos para uma série de políticas públicas e de ações afirmativas que viriam ocorrer nos governos seguintes e que trataremos também neste estudo.

A POLARIZAÇÃO DA SOCIEDADE BRASILEIRA NA CONJUNTURA ATUAL

No início do século XXI, fazendo uma analogia com a vida no campo, a plantação e a colheita do Movimento Negro foram volumosas. Em 2003, o governo criou a Secretaria de Políticas de Promoção da Igualdade Racial, a Seppir, como forma de diálogo e de reconhecer as lutas históricas do Movimento Negro. Em 2010, foi aprovado o Estatuto da Igualdade Racial (CAMPOS, 2018). O documento foi classificado como importante por nomes da luta antirracista, como afirma Kabengele Munanga: "O resultado obtido com a aprovação deste Estatuto, que passou por numerosas negociações, acompanhadas de modificações, é muito significativo para uma luta feita com armas tão desiguais" (SANTOS, 2010). Para o economista e ativista Marcelo Paixão, foi um período de celebração.

> Novos atores sociais emergiram no cenário político, reivindicando maiores espaços, em termos dos resultados do crescimento e no processo de formulação das políticas públicas. Desde a promulgação da Constituição de 1988, as diferentes frentes vinculadas ao movimento negro brasileiro, de um modo ou de outro, conseguiram pressionar o Estado brasileiro em prol de sua visibilidade e da ampliação dos seus direitos coletivos. Os efeitos dessas novas políticas são atualmente visíveis e palpáveis. (PAIXÃO, 2015, p. 24)

Na segunda década dos anos 2000, as chamadas políticas de ação afirmativa com o objetivo de corrigir erros históricos se consolidaram. Em 2012, o Supremo Tribunal Federal julgou constitucional a consolidação de políticas para a redução de desigualdades e discriminações existentes no país.

As ações afirmativas no Brasil partem do conceito de equidade expresso na Constituição, que significa tratar os desiguais de forma desigual, isto é, oferecer estímulos a todos aqueles que não tiveram igualdade de oportunidade devido a discriminação e racismo.

Uma ação afirmativa não deve ser vista como um benefício, ou algo injusto. Pelo contrário, a ação afirmativa só se faz necessária quando percebemos um histórico de injustiças e direitos que não foram assegurados.

O termo ação afirmativa foi utilizado pela primeira vez nos Estados Unidos, na década de 60 do século XX, para se referir a políticas do governo para combater as diferenças entre brancos e negros. Antes mesmo da expressão, as ações afirmativas já eram pauta de reivindicação do movimento negro no mundo todo, além de outros grupos discriminados, como árabes, palestinos, kurdos, entre outros oprimidos.

No Brasil, as ações afirmativas integram uma agenda de combate à herança histórica de escravidão, segregação racial e racismo contra a população negra. (PIOVESAN, 2008)

As disparidades econômicas e sociais entre brancos e negros, bem como o racismo, ainda estão entre as maiores frentes de luta do movimento negro contemporâneo. No entanto, os números e a militância comemoram grandes avanços. Como exemplo, tomaremos o ingresso de negros nas universidades. O percentual dessa parcela da população praticamente duplicou nos dez anos após a criação das cotas.

O percentual de negros no nível superior deu um salto e quase dobrou entre 2005 e 2015. Em 2005, um ano após a implementação de ações afirmativas como as cotas, apenas 5,5% dos jovens pretos e pardos na classificação do IBGE e em idade universitária frequentavam uma faculdade. Em 2015, 12,8% dos negros entre 18 e 24 anos chegaram ao nível superior. (IBGE, 2015)

Concomitantes a todo esse processo, programas sociais de impacto direto no combate à pobreza, como o Bolsa Família, políticas de valorização do salário mínimo e leis como a PEC das Domésticas (BRASIL, 2015), impactaram direta e positivamente as condições socioeconômicas da população negra, ainda que não tivessem meta específica, a população preta e parda, para utilizar a classificação do IBGE.

> A mudança da estrutura produtiva brasileira, que ampliou a importância das atividades de serviço em detrimento das industriais, associada à política de valorização do salário mínimo, trouxe sensíveis reduções nas assimetrias entre brancos e afrodescendentes, no mercado de trabalho brasileiro. Assim, entre 1995 e 2012, as diferenças de remuneração no trabalho entre esses dois grupos reduziram-se de 111,3% para 73,8%. O Programa Bolsa Família, que atende atualmente cerca de 14 milhões de famílias abaixo da linha de pobreza, colheu os afrodescendentes (especialmente os residentes nas regiões mais pobres do país, ou seja, no Norte e no Nordeste) como seu alvo principal. Desse modo, este grupo atualmente responde por cerca de dois terços dos beneficiários desse programa de governo. Assim, em 2012, a taxa de pobreza entre os pretos e pardos havia caído para menos de 10%. (PAIXÃO, 2015, p. 25)

Pontuar essa temática é fundamental para o trabalho que estamos desenvolvendo para a análise do discurso de ódio racial contra negros no Brasil. Muito do que vemos hoje nos discursos de ódio racial tem relação direta, inclusive, com a citação específica de tais políticas públicas ou com alguma referência a esse contexto. Evoca-se o programa Bolsa Família para atacar nordestinos, quilombolas ou moradores de periferia com palavras que os desqualificam na condição de trabalhadores. Na mesma linha, o discurso da meritocracia se contrapõe às políticas de reparação. Entendemos aqui a ideia de meritocracia, um sistema que se baseia nos méritos pessoais de cada indivíduo (ALVES FILHO, 2017), da mesma forma que o historiador Sidney Chalhoub, professor titular colaborador do Instituto de Filosofia e Ciências Humanas (IFCH) da Unicamp e docente do Departamento de História da Universidade de Harvard (Estados Unidos) (FAPESP, 2023).

> A meritocracia como valor universal, fora das condições sociais e históricas que marcam a sociedade brasileira, é um mito que serve à reprodução eterna das desigualdades sociais e raciais que caracterizam a nossa sociedade. Portanto, a meritocracia é um mito que precisa ser combatido tanto na teoria quanto na prática. Não existe nada que justifique essa meritocracia darwinista, que é a lei da sobrevivência do mais forte e que promove constantemente a exclusão de setores da sociedade brasileira. Isso não pode continuar. (ALVES FILHO, 2017)

Esses apontamentos serão retomados ao longo do trabalho, dada a frequência com que aparecem nas práticas discursivas contra negros no Brasil.

CAPÍTULO 2
LIBERDADE DE EXPRESSÃO E DISCURSO DE ÓDIO

O QUE É ÓDIO? O QUE É DISCURSO DE ÓDIO?

Entraremos neste capítulo com uma breve exposição sobre o comportamento do odiador nas redes, o quanto já avançamos na legislação e o caminho percorrido por algumas experiências de combate ao ódio em outros países, como o projeto Teaching Tolerance, nos Estados Unidos.

O crescimento avassalador do conservadorismo no mundo tem sido objeto de estudo de acadêmicos e de denúncia dos meios de comunicação. Eleições de governos ultraconservadores, deposições de líderes alinhados com políticas de inclusão, perseguição a minorias, aumento do terrorismo e um saldo de milhões de refugiados como nunca visto na história da humanidade são algumas das manchetes que circulam no planeta.

No Brasil, como vimos anteriormente, à medida que foram instituídas ações afirmativas para a população negra nos últimos anos – a criação da Lei 10.639, o Estatuto da Igualdade Racial, promulgado em 2010, a lei de cotas e o ingresso de milhares de jovens negros nas universidades, entre outros –, acompanhamos um crescimento nas denúncias de racismo e ódio racial.

Atuando no Brasil desde 2006, a ONG SaferNet (2023) já recebeu pouco mais de dois milhões de denúncias relacionadas aos crimes de ódio na rede mundial. Desse total, 28% correspondem ao racismo. Quando analisamos o quadro de comportamento dessas denúncias, podemos perceber que, assim como as denúncias da ouvidoria da Seppir, expostas anteriormente neste texto, há um crescimento sistemático dos crimes de ódio racial na segunda década de século XXI, quando efetivamente foram colocadas em prática as políticas de ação afirmativa sobre as quais tratamos nos capítulos anteriores.

TOTAL ANUAL (NÃO CUMULATIVO) DE CRIMES DE ÓDIO DENUNCIADOS AO SAFERNET BRASIL, 2006-2021, CLASSIFICADOS POR TEMAS (SAFERNET, 2023)

Apologia e incitação a crimes contra a vida

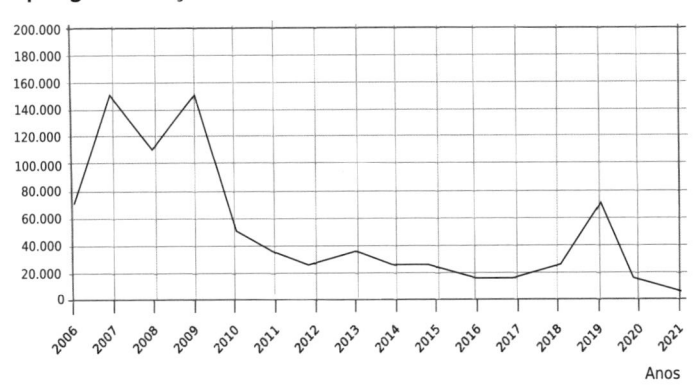

Homofobia

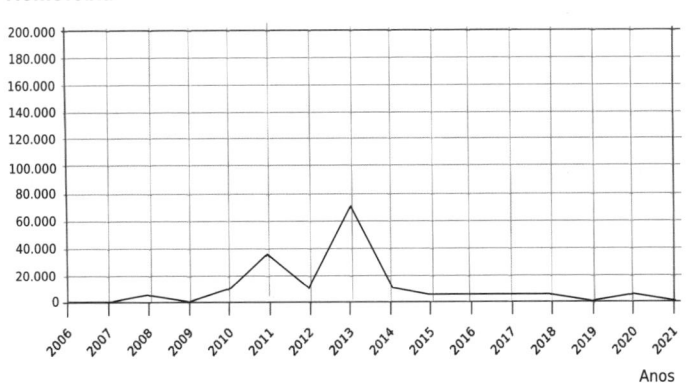

Intolerância religiosa

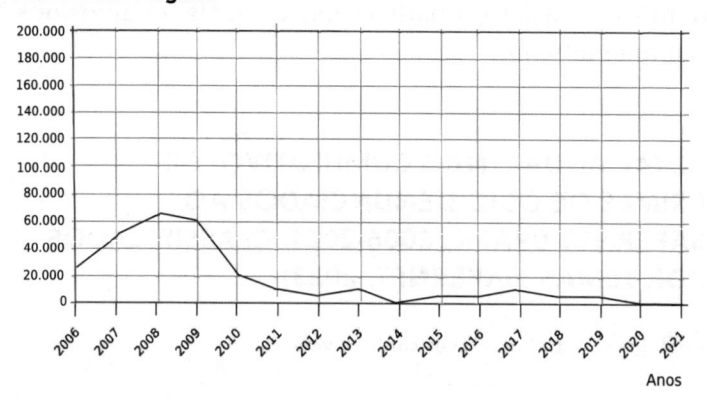

Neonazismo

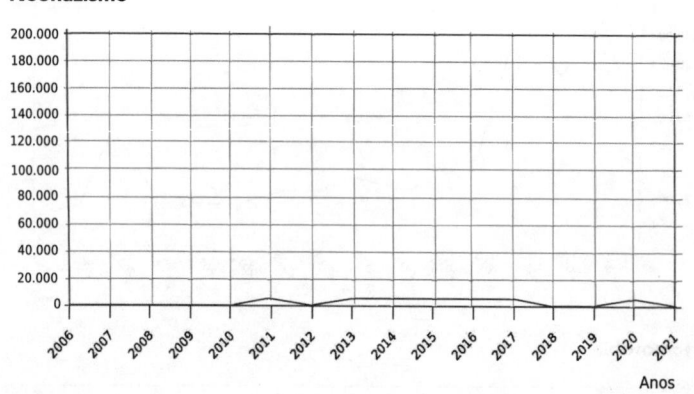

Racismo

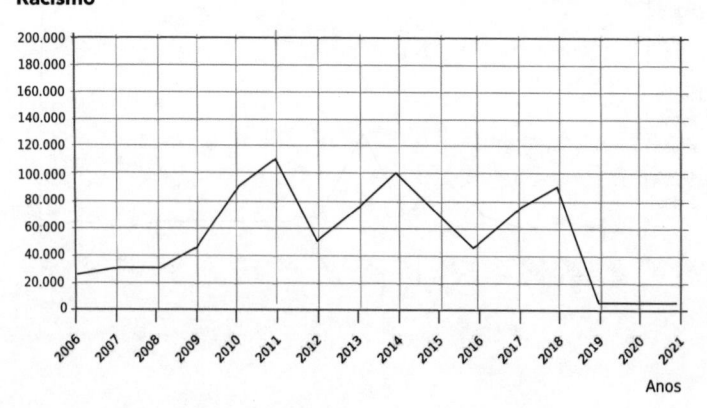

Violência contra a mulher

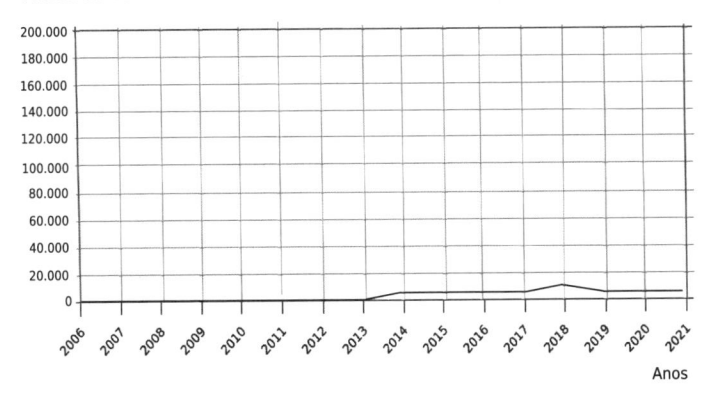

[Gráfico: eixo Y de 0 a 200.000; eixo X anos de 2006 a 2021. Valores próximos de zero até 2013, com leve elevação entre 2014 e 2021, pico discreto em 2018.]

Anos

Xenofobia

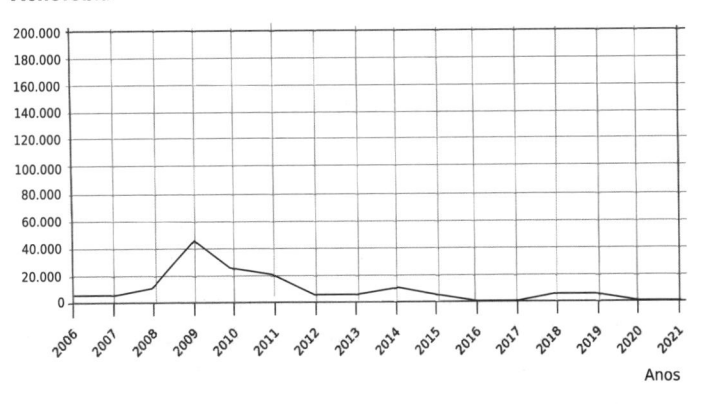

[Gráfico: eixo Y de 0 a 200.000; eixo X anos de 2006 a 2021. Pico próximo de 45.000 em 2009, declínio até 2012, pequena elevação em 2014, valores baixos nos anos seguintes.]

Anos

O que esses números apontam? Em primeiro lugar, que a melhoria das condições de vida do objeto de ódio causa uma reação direta no autor do discurso. Para compreendermos o discurso de ódio, teremos que conceituar aqui o que delimitamos por ódio. Para registro, é importante deixar claro que muito do que se pesquisa sobre discurso de ódio em nosso país tem uma dimensão jurídica, mas pouco se tem de especificidade da questão filosófica, de análise do discurso ou mesmo produções sobre discurso de ódio com recorte racial. Este estudo busca se debruçar sobre tais especificidades.

Para a SaferNet, ONG que fornece o *corpus* deste trabalho, o discurso de ódio tem um sentido amplo, mas sem definição específica do termo ódio.

> O discurso de ódio está situado num equilíbrio complexo entre direitos e princípios fundamentais, incluindo a liberdade de expressão e a defesa da dignidade humana. De maneira geral, o discurso de ódio é definido como manifestações que atacam e incitam o ódio contra determinados grupos sociais baseadas em raça, etnia, gênero, orientação sexual, religiosa ou origem nacional.
> Em geral, as definições são aplicadas em casos concretos e levam em conta várias camadas de regras, como tratados internacionais, a Constituição brasileira, leis nacionais e os termos de uso das plataformas (como Google, Facebook e Twitter). (SAFERNET, 2023)

Nosso entendimento, neste estudo, pretende ultrapassar questões jurídicas que envolvem o discurso de ódio. De maneira sintética, no fim deste trabalho, esperamos ter problematizado e discutido o que são ódio, discursos de ódio e as características específicas do discurso de ódio contra negros no Brasil.

Este estudo não trata do ódio como simples aversão intensa, sentimento de raiva, rancor ou ira. Em uma das pouquíssimas produções que seguem esta linha de pesquisa, o filósofo e intelectual francês André Glucksmann define ódio:

> Tese defendida aqui: o ódio existe, todos nós já nos deparamos com ele, tanto na escala microscópica dos indivíduos como no cerne de coletividades gigantescas. A paixão por agredir e aniquilar não se deixa iludir pelas magias da palavra. As

razões atribuídas ao ódio nada mais são do que circunstâncias favoráveis, simples ocasiões, raramente ausentes, de liberar a vontade de destruir simplesmente por destruir. (GLUCKSMANN, 2007, p. 11)

O conceito utilizado neste estudo, no entanto, se aproxima mais da definição de outro filósofo francês, Cornelius Castoriadis, em que o ódio está estritamente ligado ao sentimento produzido pelo racismo (1992, p. 32).

A concepção de ódio tratada aqui é, portanto, uma questão também de alteridade. O discurso de ódio, como uma "prática social", define "a constituição histórica de um sujeito de conhecimento" especialmente porque "o discurso é esse conjunto regular de fatos linguísticos em determinado nível, e polêmicos e estratégicos em outro" (FOUCAULT, 2002, p. 9).

> Desse ponto de vista, podemos dizer que as expressões extremas do ódio do outro – e o racismo é a expressão mais extremada, pela razão já exposta da inconvertibilidade – constituem monstruosas mudanças físicas, graças às quais o sujeito pode *conservar o afeto mudando de objeto*. Por isso, sobretudo, ele não quer se encontrar no objeto (ele não quer que o judeu se converta, ou conheça a filosofia alemã melhor do que ele), ao passo que a primeira forma de rejeição, da desvalorização do outro, se satisfaz geralmente com o "reconhecimento" pelo outro, constituído por sua derrota, ou sua conversão. (CASTORIADIS, 1992, p. 39, grifo do autor)

A exemplo de uma extensa pesquisa dedicada ao ódio, especialmente como um sentimento antijudeu, percebe-se comumente dois fatores importantes: o primeiro diz respeito à origem do sentimento, ligada a algo "inconvertível", como características físicas, seu nascimento ou sua raça; o segundo, à apropriação desse sentimento como arma ideológica. A conexão entre sentimento e apropriação ideológica nos leva a uma problematização específica e pertinente sobre o racismo: "Por que o que deveria ter ficado como simples afirmação da 'inferioridade' dos outros torna-se discriminação, desprezo, confinamento, para exacerbar-se finalmente em raiva, ódio e loucura assassina?" (CASTORIADIS, 1992, p. 34).

> Até o período da "corrida para a África", o pensamento racista competia com muitas ideias livremente expressas que, dentro de um ambiente geral de liberalismo, disputavam entre si a aceitação da opinião pública. Somente algumas delas chegaram a tornar-se ideologias plenamente desenvolvidas, isto é, sistemas baseados numa opinião suficientemente forte para atrair e persuadir um grupo de pessoas e bastante ampla para orientá-las nas experiências e situações da vida moderna. Pois a ideologia difere da simples opinião, na medida em que se pretende detentora da chave da história, e em que julga poder apresentar a solução dos "enigmas do universo" e dominar o conhecimento íntimo das leis universais "ocultas", que supostamente regem a natureza do homem. (ARENDT, 2012, p. 234)

Por último, não podemos desconsiderar, numa visão bakhtiniana de linguagem, que os diferentes modos do discurso se entrecruzam na produção de sentidos. A própria raça, como nos mostra Stuart Hall, "é uma categoria discursiva", e não uma categoria biológica. Não consideramos também, sob a ótica econômica, a raça como uma classe.

> A redução de raça a classe é um modo de negar a gritante constatação social. Segundo alguns estudos, verificou-se que a agressão aos negros é não apenas socioeconômica, mas também

racial, donde a grande diferença entre oprimidos negros e outros. (MUNANGA, 2012, p. 58)

Portanto, em nossa análise, consideramos as expressões de ódio racial, em sua face discursiva e ideológica, entendendo ideologia como "referências mentais – linguagens, conceitos, categorias, conjunto de imagens do pensamento e sistemas de representação – que as diferentes classes e grupos sociais empregam para dar sentido, definir, decifrar e tornar inteligível a forma como a sociedade funciona" (HALL, 2006, p. 250). Seguindo a mesma linha, Clóvis Moura descreve "o papel social, ideológico do racismo", classificando-o como "uma ideologia de dominação", com uma "força permanente" e um "significado polifórmico e ambivalente".

> Apenas desta forma poderemos compreender por que se trata de um conceito tão polêmico e, também, por que em determinados contextos políticos e momentos históricos o racismo adquire tanta vitalidade e se desenvolve com tanta agressividade: ele não é uma conclusão tirada dos dados da ciência, de acordo com pesquisas de laboratório que comprovem a superioridade de um grupo étnico sobre outro, mas uma ideologia deliberadamente montada para justificar a expansão dos grupos de nações dominadoras sobre aquelas áreas por eles dominadas ou a dominar. Expressa, portanto, uma ideologia de dominação, e somente assim pode-se explicar a sua permanência como tendência de pensamento. (MOURA, 1994, p. 1)

Buscamos fazer, portanto, uma análise ampla do nosso *corpus*, que ultrapassa questões jurídicas, tratando os conceitos de raça, racismo e ideologia que, possivelmente, atravessam a materialidade do discurso de ódio.

HATERS, TROLLS E A *WEB* E O QUE DIZ A LEGISLAÇÃO

A internet foi recebida, sem dúvidas, como um espaço inovador. Em se tratando de tecnologia da informação, um mercado interativo de ideias, um ambiente que permite ao homem externar livremente pensamentos, opiniões, escolhas e muito do seu próprio eu. Ao mesmo tempo, tornou-se um espaço livre para conteúdo ofensivo e propagação do ódio.

> A fronteira entre a liberdade de expressão e de ódio costuma ser estreita. Com efeito, a definição do que é aceitável, ou não, manifestar ou divulgar varia de um país para o outro. Na internet, um comentário de ódio postado legalmente num país pode ser considerado ilegal nos países onde os critérios sejam mais rigorosos. (MORENO, 2017, p. 100)

A legislação brasileira distingue a liberdade de expressão da prática do crime de ódio (BRASIL, 1988, 1989). Adotamos, portanto, o entendimento que discurso de ódio não está, de forma alguma, amparado pelo entendimento de liberdade de expressão.

> A Liberdade de Expressão, pelo que se observa, passa então a ser tutelada com maior restrição, e o discurso de ódio, por se tratar de manifestações de pensamento com vistas a humilhar e calar grupos minoritários, passa a ser repudiado e proibido pelos ordenamentos jurídicos, como forma de garantir a expressão das minorias e o exercício da cidadania. (FREITAS; CASTRO, 2013, p. 329)

É importante ressaltar que muitos são os artigos e produções que tratam do discurso de ódio sob a ótica jurídica – menos volumosos os que dissertam sobre questões filosóficas, ideológicas ou da análise do discurso. No entanto, no Brasil, temos uma produção escassa (quase inexistente, eu diria) quando fazemos o recorte racial dentro da análise do discurso de ódio. Também faremos, a partir do nosso *corpus,* uma análise de ofensas e xingamentos específicos dos *haters* quando considerarmos o recorte racial deste trabalho. É necessário também o entendimento dos atores que provocam o ódio no ambiente da rede mundial.

> O termo *hater* (da palavra "ódio" em inglês) tem a sua origem da expressão popular *"haters gonna hate"*. O sujeito que se enquadra neste grupo é conhecido popularmente como "odiador", "aquele que odeia". Entretanto, mais do que isso, para ser um *hater* é preciso não apenas odiar algo ou alguém, mas também desenvolver ações violentas que se concretizam em ataques supostamente gratuitos a certas pessoas (que na maior parte dos casos não parecem ter feito mal nenhum ao odiador). Eles não devem ser confundidos com os *trolls,* que se caracterizam por serem sujeitos que buscam desestabilizar discussões geradas em grupos sociais com a única finalidade de irritar seus participantes, de criar conflitos entre eles e, possivelmente, a ruptura de suas redes sociais. Para isso, os *trolls* tentam fazer com que o foco da discussão iniciada pelo grupo seja desviado e acabe trazendo agressões (sejam elas verbais ou físicas) entre os seus participantes. (REBS, 2017, p. 5)

Ao longo desta pesquisa, mesmo não sendo este nosso foco, vamos evidenciar algumas características, como formas de atuação, por exemplo, desses atores nas redes sociais, no que tange ao mote específico do ódio aos negros.

TEACHING TOLERANCE E UM NOVO CAMINHO

Durante viagem aos Estados Unidos, em 2016, visitei muitos projetos financiados ou estimulados pelo governo norte-americano, para o combate ao ódio. Cursos para formação de policiais, dezenas de pesquisas acadêmicas, ONGs, museus de tolerância, disciplinas voltadas para crianças da educação básica e dezenas de outras iniciativas, muitas delas criadas no próprio governo Barack Obama. Um desses programas me chamou a atenção e foi motivador desta pesquisa: o Teaching Tolerance, do Estado do Alabama. Trata-se de uma plataforma com uma vasta programação de ensino e apoio aos professores para combater o discurso de ódio nas escolas. O programa existe desde 1991 para combater o aumento do ódio e é uma das bases de atuação do projeto Southern Poverty Law Center, um programa ligado ao Movimento dos Direitos Civis e que apresenta também outras formas de atuação contra o ódio, grupos de supremacia branca e intolerância. Entre as atuações mais importantes, estão o Fighting Hate, com ênfase no combate ao ódio; o Seeking Justice, com apoio às minorias; e o Civil Rights Memorial, com um legado histórico que inclui um museu (SPLC, 2023).

> Nosso projeto de tolerância combate o preconceito entre jovens de nossa nação, ao mesmo tempo que promove a igualdade, inclusão e ambientes de aprendizagem equitativos em sala de aula. Produzimos uma série de recursos antiviés que distribuímos gratuitamente aos educadores de todo o país – documentários, planos de aula e currículos premiados. (SPLC, 2023)

O Southern Poverty Law Center destaca, ainda, que utiliza a definição da Unesco para tolerância, estabelecida como harmonia na diferença: "Tolerância é respeito, aceitação e valorização da rica diversidade das nossas culturas, formas de expressão e modos de vida humanos no mundo" (UNESCO, 1996).

Para alguém que acompanhava, em seu país, o ódio contra as minorias se alastrar como erva daninha, o Teaching Tolence parecia simplesmente sensacional. Então me dediquei a este projeto como uma forma de fomentar o que chamei de contradiscurso – que era a questão da tolerância e as bases para que ela existisse.

Confesso que passei a questionar a palavra "tolerância" e os conceitos que ela carrega, que passaram a ser, para mim, em uma experiência com a palavra aqui no Brasil, bem diferentes dos que acompanhei no projeto que foi motivador deste estudo. No entanto, tenho apreço por manter a possibilidade de apontar um caminho de combate ao discurso de ódio. Conheci então *O contrato racial*, de Charles Mills, em um encontro pessoal com a ativista e intelectual Sueli Carneiro. Reproduzo aqui as palavras de Sueli sobre *O contrato racial*, de Charles Mills:

> Toda pessoa branca, queira ou não, é beneficiária do racismo, independente da sua vontade. Mas nem toda pessoa branca é necessariamente signatária do racismo e do contrato social que ele impõe. Se nem toda pessoa branca é signatária, tá aberta a possibilidade de alianças em prol da construção de um outro tipo de sociedade em que outro tipo de contrato seja possível, em que possamos caber todos, em que possamos desfrutar das possibilidades coletivamente gestadas. Eu acredito nisso e convido os brancos não signatários a se engajarem nesse projeto.

A frase de Sueli Carneiro encerra o filme *A última abolição*, do qual fui pré-roteirista e entrevistadora (ÚLTIMA, 2018).

O pensamento de Mills parece ser, para mim, a explicação e o caminho de toda esta investigação. Debruçamo-nos então sobre esse caminho, observando questões importantes. A principal delas: trabalhar, em uma mesma pesquisa, a ideologia racista e os conceitos de dialogismo de Bakhtin, com a clareza de que, para Bakhtin, o discurso está sempre sendo atravessado por outros discursos, não como resultado de uma conjuntura, mas produzindo conjuntura.

Passaremos então, nos próximos capítulos, a analisar a prática de combate aos discursos de ódio. Como *corpus*, utilizaremos parte do material enviado para a página Senti na Pele (gentilmente cedido por seu administrador), que coleta relatos de discursos de ódio através da rede social Facebook. Ainda sobre a rede social Facebook, citaremos parte da pesquisa "Formas Contemporâneas de Racismo e Intolerância nas Redes Sociais", do professor Luiz Valério Trindade, da Universidade de Southampton, na Inglaterra. Esse estudo traça um perfil dos odiadores no Facebook, com elementos como faixa etária, gênero e também os principais alvos dos discursos de ódio. Um pouco mais de nossa análise de dados e a metodologia de pesquisa estarão no capítulo.

CAPÍTULO 3
ANÁLISE DE DADOS

APONTAMENTOS METODOLÓGICOS

Ao longo deste capítulo, passamos efetivamente a tratar dos discursos de ódio. Falaremos a seguir sobre a metodologia adotada e também sobre a página Senti na Pele, suas motivações e, finalmente, a relação da análise do discurso bakhtiniana e os discursos que compõem o nosso *corpus*.

Neste trabalho, é importante destacar, optamos por utilizar como *corpus* os dados enviados pelo administrador da página Senti na Pele. Utilizamos todos os comentários enviados por ele, um total de 13 comentários. Nosso corpus, no entanto, se limita a um total de dez desses *posts*, sendo os outros três explicativos do trabalho da página Senti na Pele. Em outras palavras, toda a seleção do material para a nossa análise foi feita pela página Senti na Pele, e não por nós. Conforme veremos a seguir, a página Senti na Pele se encarrega especificamente de receber discursos de ódio contra negros no Facebook e evidenciá-los, como forma de combate. Para isso, recebe espontaneamente as denúncias das próprias vítimas. Por fazer esse trabalho, a página também é alvo dos odiadores. Esses discursos compõem nosso *corpus*. É importante destacar, ainda, que não faremos aqui uma análise de conteúdo nem traremos uma amostra quantitativa dos discursos. Da perspectiva da análise do discurso (AD), proposta deste texto, é suficiente o material cedido. Devemos destacar, ainda, que os conceitos teóricos da AD aparecerão, conforme necessários, na própria análise.

Veremos a seguir que outros discursos de ódio, que não compõem o nosso *corpus*, também aparecem neste capítulo. Eles são parte da construção de raciocínio para o entendimento da conjuntura da análise. Seguindo essa linha, tratamos, antes da análise efetiva do nosso *corpus*, por exemplo, dos ataques às misses negras vencedoras dos concursos de beleza no Brasil ou de ataques direcionados ao próprio administrador da página Senti na Pele. Passemos à contextualização dos dados.

SENTI NA PELE: UMA EXPERIÊNCIA DE COMBATE AO ÓDIO RACIAL

A história da página do Facebook Senti na Pele começa bem antes do ano da sua criação, em outubro de 2015. O início da página remete à infância de seu administrador, Ernesto Theodoro de Morais Junior, conhecido como Ernesto Xavier, um jovem de classe média que utiliza o sobrenome da avó, a atriz Chica Xavier, uma das primeiras atrizes negras a pisar no palco do Theatro Municipal do Rio de Janeiro, na peça *Orfeu da Conceição*, em 1956. A peça *Orfeu da Conceição* foi uma das muitas montagens realizadas pelo Teatro Experimental do Negro (TEN), cujo elenco tinha participação do próprio Abdias Nascimento. A peça ficou marcada também por ter a cenografia de Oscar Niemeyer, o texto de Vinicius de Moraes e a música de Tom Jobim. Foi a primeira parceria entre os dois (MORAES, 1987). Ernesto vem de uma família com "uma consciência racial muito forte", como ele próprio define. Sua mãe é engenheira química e ostenta o título de primeira mulher negra doutora em Vigilância Sanitária do Brasil. Seu pai, administrador de empresas e advogado. Tem o próprio escritório. Ambos são classificados como negros por Ernesto, que ressalta que o pai "tem pele clara e muitas pessoas o têm como branco". A condição social e econômica de Ernesto não impediu que ele conhecesse o racismo aos 10 anos de idade, como vemos nos relatos seguintes concedidos por entrevista a esta pesquisa:

> Meu pai era vice-presidente de um clube em Sepetiba. Tinha uma festa de criança em um dos salões. Eu estava brincando e passei por um dos salões e uma senhora me chamou e achou que eu fosse menino de rua. Ela me deu comida para distribuir

para meus amiguinhos na rua. Por mais que estivesse com a melhor das intenções, ela me via como um menino que não tinha família, e não como o filho do vice-presidente do clube. Vinte anos depois, entrava no ar a página Senti na Pele. Era resultado de novas experiências com racismo, só que agora na idade adulta.

Surgiu depois que eu sofri um ataque muito grande de usuários do Facebook. Não de perfis falsos, mas de perfis verdadeiros. Surgiu depois que eu escrevi um *post* sobre os casos de arrastões que estavam acontecendo no Rio de Janeiro, em setembro de 2015, envolvendo as questões das mudanças dos transportes públicos no Rio, as arbitrariedades da Polícia Militar sobre as pessoas que vinham da zona norte para a zona sul, à praia. E do medo constante das pessoas negras de morrer.

Em seu perfil pessoal do Facebook, Ernesto escreveu em, 24 de setembro de 2015, o seguinte texto acompanhado de uma foto de si:

POST A

> Sou negro. Neste momento estou trajando bermuda de praia e camiseta. Estou em Copacabana. Vou correr na areia da praia. Não levarei dinheiro, nem documentos. Segundo a lógica carioca posso ser preso, levarei um tiro ao correr ou vou apanhar de um justiceiro. Para você que acha que me faço de vítima: essa é a minha realidade. Enquanto você tem medo de ir à praia e perder seu Iphone, eu tenho receio de morrer. Não é justo pra ninguém, correto? Só que durante TODA a vida fui "confundido" com bandido apenas por ser negro. Meu mundo é assim. A toda hora ter que provar que sou honesto. Caso eu morra não terão protestos nas redes sociais, nas ruas, na mídia. Serei mais um preto. Lamentarão a família e os amigos. E você? Tem medo de que?

O episódio foi o primeiro contato de Ernesto com o discurso de ódio em redes sociais. A página Senti na Pele entrava no ar precisamente um mês depois, um projeto com o objetivo de lutar contra o racismo, incentivando as pessoas a denunciarem os atos de preconceito contra elas através da hashtag #sentinapele. "Em dezembro, teve um depoimento que viralizou mesmo. Aí foi o estouro, o *boom* da página, a partir deste depoimento do Leonardo, que foi para jornal, para tudo." O depoimento em questão, enviado para a página Senti na Pele em 28 de dezembro de 2015, é uma crítica contundente de um estudante de psicologia que se apresenta como "Leo", de 30 anos, à atuação da polícia nas favelas do Rio.

POST B

> Na favela em que moro, ao voltar da faculdade um policial me abordou, abriu minha mochila, pegou meu caderno, passou o olho e fez a seguinte pergunta: "Tá fazendo faculdade pra ter direito a cela especial?"
>
> [Mostrando que não é "um caso isolado" ele nos fala de outro momento:]
>
> Há algumas semanas fui abordado 3 vezes em menos de meia hora. Na terceira abordagem, questionei dizendo que havia sido abordado duas vezes nos últimos 20 minutos e que aquela abordagem era a terceira... A resposta do policial foi: "Eu tenho culpa se você é um cidadão padrão para revista."

Em 17 de março de 2019, o *post* atingiu a marca de 3.509 comentários, 18.205 compartilhamentos e 21.700 reações, sendo 21.300 curtidas, 237 reações de tristeza, 181 de raiva e uma de surpresa (XAVIER, 2015). Foram dezenas de comentários de ódio. "A intenção da página era esta: colocar histórias, fazer um arquivo das histórias de racismo no Brasil e mostrar para o maior número de pessoas e mostrar que isso que não é mi-mi-mi. Não é vitimismo." Utilizaremos aqui a explicação de Douglas Rodrigues Barros, o "Negro Belchior" (2016):

> Ao lutar pelos direitos e pela extinção das ações racistas, misóginas e homofóbicas, seus protagonistas não se colocam como vítimas, mas como atores políticos capazes de questionar o rotineiro e comum. Crer que alguém que lê Simone de Beauvoir seja vitimista não é só ingenuidade, é tremenda má-fé. Pois, segundo o existencialismo, somos os únicos responsáveis pelas escolhas que fazemos, já que não há natureza humana que condicione nossas escolhas individuais. Assim, não há de ser diferente daquele que se constrói, isto é, não há um indivíduo que não seja aquilo que faz de si mesmo. Por isso, a luta por direitos é inerente à consciência das nossas próprias escolhas, tendo em vista que se problematizam essas mesmas escolhas, por exemplo; quando uma mulher de cabelo crespo decide alisá-lo, o que tal atitude implica? Isso significa uma tomada de consciência em que pesam as ações condicionadas por um padrão imposto de fora. São histórias comuns nas nossas vidas, constantes, que se repetiam.

Para entender melhor o contexto dos comentários de ódio especificamente no Facebook, contaremos com a ajuda do estudo "Formas contemporâneas de racismo e intolerância nas redes sociais", de Luiz Valério de Paula Trindade. Mestre em Administração de Empresas pela Universidade Nove de Julho (São Paulo, 2008) e com cursos de extensão universitária conduzidos em Portugal (2015), na Universidade de Harvard nos Estados Unidos (2013) e no Canadá (2006 e

2011), o professor Luiz Valério desenvolveu esse estudo durante a realização do doutorado em Sociologia na Universidade de Southampton, na Inglaterra. Como na época sua pesquisa estava em andamento, o professor colaborou conosco com dados preliminares ainda não publicados. Após a conclusão da pós-graduação, o pesquisador publicou os resultados do estudo em *Discurso de ódio nas redes sociais* (TRINDADE, 2022).

Luiz Valério destaca, na apresentação da pesquisa, que o "Facebook tem se tornado uma espécie de pelourinho moderno para a prática de racismo, diferentes formas de discriminação e atos de intolerância". O estudo tem uma grande preocupação com os jovens, que, no Brasil, são 11,1 milhões de usuários na faixa etária de 13 a 17 anos. Ainda sobre as características dos odiadores, o professor chama a atenção para a questão de gênero. Entendemos que a questão de gênero é extremamente relevante para este contexto, no entanto não é o foco do nosso trabalho. Para futuras pesquisas, pretendemos incluir o recorte de gênero nas análises do discurso de ódio nas redes sociais, tal como identificado pelo professor Luiz Valério: 65,5% deles são homens com pouco mais de 20 anos. Enquanto isso, as vítimas são, em 81% dos casos, mulheres negras, com ensino superior completo e na faixa etária de 20 a 35 anos (TRINDADE, 2022).

Como ilustração da pesquisa do professor Luiz Valério, utilizamos o exemplo do concurso Miss Brasil 2017.

Em agosto de 2017, Monalysa Alcântara venceu o concurso Miss Brasil e se tornou a terceira negra a ganhar o título na história do país. No ano anterior, a paranaense Raissa Santana tinha quebrado um jejum de 30 anos sem uma representante negra brasileira no Miss Universo – Deise Nunes foi a primeira negra a vencer o concurso, em 1986.

As duas últimas misses, após vencerem, foram vítimas do ódio racial na internet. Consideramos os comentários de internautas exibidos na reportagem "Cara de empregada. Não era pra tá aí". Negra, Miss Brasil sofre ofensas", publicada no Portal Geledés, tradicional meio de discussões étnico-raciais no Brasil, buscando entender a presença do discurso hegemônico, da ideologia e da conjuntura histórica brasileiras.

POST C

[Foto de capa da reportagem do portal Geledés sobre o concurso Miss Brasil de 2017. Acompanha o texto abaixo, título da matéria:]

"Cara de empregada. Não era pra tá aí": Negra, Miss Brasil sofre ofensas

POST D

[Foto ilustrativa da reportagem do portal Geledés sobre a Miss Brasil de 2017; a imagem mostra fotos de 3 misses negras: Miss França, Miss USA e Miss Brasil. Sem texto]

Criado em 1954, o Miss Brasil se autointitula o "maior concurso de beleza do país" e promete "revelar a mulher mais bonita do Brasil". É importante também frisar que a inferiorização do negro no Brasil através da estética é parte ideológica e, diria, pedagógica no projeto de sobreposição de um grupo sobre o outro para a manutenção de privilégios econômicos. Em outras palavras, seria impossível que qualquer concurso de beleza no Brasil, norteado pela estética da branquitude, não levantasse polêmicas. Como veremos, o racismo estrutural que perpassa todas as instâncias brasileiras integra também o Miss Brasil.

Na primeira edição do concurso, a baiana Martha Rocha foi a escolhida para representar o Brasil no Miss Universo, o concurso que, por sua vez, promete eleger a mulher mais bonita do mundo. Todas as candidatas pontuam através de critérios que vão de medidas do corpo até o número de aparições na mídia. Nenhum deles, evidentemente, se refere à cor da pele. Uma pergunta paira no ar: como explicar o fato de termos apenas três misses negras em nossa história?

POST E

> [Foto da reportagem do portal Geledés sobre a Miss Brasil de 2017, com 3 comentários, só de texto:]
> J. Q.: Não é exagero. Só quero que ela morra antes do MU. Pra Ju assumir o posto.
> J. P.: Credooooo! A Miss Piauí tem cara de empregadinha, cara comum, não tem perfil de miss, não era pra ta ai [SIC]. Sorry.
> T. C.: Juliana não fez o requisito pra ser MB mas não foi a oratória que a tirou do páreo o que a derrubou foi ela não ter a "brasilidade". Agora me responde: o que é a [...] "brasilidade"? É ser negra? Então as brasileiras caucasianas não são brasileiras? [...] não vou atacar nem desmerecer brilho da mona, porém espero que a Miss Argentina me apresente e represente a parte brasileira que não possui a "brasilidade".

Dizer que a Miss Brasil tem "cara de empregada" revela muito do racismo estrutural e do pensamento hegemônico brasileiro. Entendemos aqui, como nos ensina Clóvis Moura, o racismo como uma "ideologia de dominação" e a hegemonia como "um 'momento' historicamente muito específico e temporário da vida de uma sociedade" e que "não é exercida nos campos econômicos e administrativos apenas, mas engloba os domínios críticos da liderança cultural, moral, ética e intelectual" (1994, p. 296).

Na estrutura econômica brasileira, em que a mobilidade social costuma ser extremamente lenta, a cor preta sempre tingiu a base da pirâmide. É, talvez, o desenho mais nítido do racismo brasileiro, ainda que não consideremos a raça como classe. Tomemos como exemplo o comentário que deu título à reportagem que estamos analisando. O enunciado "Cara de empregada. Não era pra tá aí" nos revela muito da relação raça e classe no Brasil.

> O racismo, enquanto ideologia, está entranhado em todos os setores da estrutura brasileira. A estética está entre as manifestações mais claras da ideologia racista, bem como é uma das maiores bandeiras de luta de libertação.
>
> O racismo adquire tanta vitalidade e se desenvolve com tanta agressividade: ele não é uma conclusão tirada de dados da ciência, de acordo com pesquisas de laboratório que comprovem a superioridade de um grupo étnico sobre o outro, mas uma ideologia deliberadamente montada para justificar a expansão dos grupos de ações dominadoras sobre aquelas áreas por eles dominadas ou a dominar. (MOURA, 1994, p. 1)

Entendemos, portanto, que esse caso aparentemente isolado de discurso de ódio racial publicado por espectadores nos revela muito mais da estrutura do pensamento brasileiro. Como nos ensina Gramsci, as ideias "não nascem espontaneamente em cada cérebro individual" (HALL, 2006, p. 307). O que se revela aqui é a eterna luta pela manutenção de privilégios na qual determinado grupo está munido de "armas discursivas" para impedir que o "submisso" avance.

Seguindo esse raciocínio, podemos ressaltar que no estudo "Formas contemporâneas de racismo e intolerância nas redes sociais", Luiz Valério identifica "oito categorias de eventos" ligadas às publicações de *posts* racistas contra mulheres negras no Facebook:

1. Expressar discordância com algum *post* ou comentário anterior de cunho negativo contra negros;
2. Evidência de engajamento com profissões consideradas mais "nobres" e de prestígio (por exemplo: medicina, jornalismo, direito, engenharia etc.);
3. Relacionamento inter-racial;
4. Exercer posição de liderança ou bem-sucedida em programa de televisão ou até mesmo como convidada de honra;
5. Desfrutar de viagens de férias no exterior (sobretudo em países localizados no Hemisfério Norte);
6. Utilizar e/ou enaltecer a adoção de cabelo cacheado natural estilo afro;
7. Vencer concurso de beleza; e
8. Rejeitar proposta de relacionamento afetivo.

Uma observação mais minuciosa, sob uma lente socioeconômica, de cada uma das oito categorias listadas pelo estudo do professor Luiz Valério, chama-nos atenção aqui para a ligação entre o discurso de ódio e a mobilidade socioeconômica da vítima deste discurso. Não podemos deixar de destacar a constante tensão raça x classe para quem estuda a questão étnico-racial no Brasil. Exercer "profissões de prestígio", ocupar "posições de liderança", fazer "viagens ao exterior", ou mesmo "vencer um concurso de beleza", é sair, definitivamente, do lugar que lhe é reservado dentro da estrutura social racista brasileira: o lugar da subalternidade.

É algo quase imperdoável. Veremos nos tópicos seguintes o quanto essa tensão se faz presente na composição do discurso de ódio.

DISCURSOS DE ÓDIO CONTRA NEGROS NO BRASIL

Um desejo desta pesquisadora sempre foi que este material tivesse uma utilidade prática no combate ao discurso de ódio. No momento em que terminávamos as análises desta pesquisa, o Brasil vinha enfrentando um aumento sistemático do discurso de ódio nas redes. No dia 13 de março de 2019, dois jovens, com idades de 17 e 25 anos, invadiram uma escola no município de Suzano, em São Paulo, mataram 8 pessoas e feriram outras 11, antes de tirarem as próprias vidas. Uma semana depois do ataque, o jornal *Correio Braziliense* trouxe a seguinte manchete: "Quem é o brasiliense responsável pelo *site* que inspirou ataque em Suzano" (ALVES, 2019). A reportagem detalha como o homem branco, de classe média alta, 33 anos, que odeia negros, mulheres, LGBTs, nordestinos e esquerdistas, teria inspirado e alimentado, através da rede mundial, os autores do massacre da escola de Realengo, no Rio de Janeiro, em 2011, e de Suzano, em 2019. Vale ressaltar, ainda, que o que chamou a atenção da mídia, no caso de Suzano, foi um dos feridos, um menino negro, com um machado cravado no tórax, caminhar por 400 metros pedindo ajuda sem que fosse socorrido. Entre os mortos e feridos, aliás, muitos negros. Nas redes sociais, os perfis de um dos atiradores passaram a receber centenas de novos seguidores, muitos adolescentes entre 12 e 16 anos. O massacre foi comemorado na chamada *deep web* (KASPERSKY, 2023). Essa é uma das camadas em que se organiza o mundo virtual. A *surface web* é a parte de maior uso, conhecida também como *"world wide web"*, o famoso "www" no início dos *sites* que usamos.

Porém, essa é apenas uma parcela superficial desse universo. Como primeiro passo, imagine um *iceberg*. A ponta, correspondente à *web* indexada, é a *surface web*. Já do lado imerso, está a *deep web*. Para navegar nessa área da rede, é preciso utilizar o TOR, The Onion Ring.

O *browser* recebe o nome por conta dos anéis de cebola, para ilustrar as várias camadas, com diferentes criptografias, a que o usuário tem acesso. Essa parte não é acessada livremente, pois não está indexada, como *sites* fechados e informações confidenciais. Além desses endereços, está a *dark web* – e é nessa parte do *iceberg* que está o problema.

A *dark web* é uma porção pequena da enorme *deep web*, e grande parte de suas páginas tem um foco: ações criminosas. Os conteúdos censurados, salas de conversa e vendas ilícitas são exemplos que impulsionam a violência por esse mundo virtual, um catalisador de crimes de ódio (KASPERSKY, 2023).

Antes de começar efetivamente o estudo, combater o discurso de ódio aparecia como um conjunto de ferramentas, metodologias ou até mesmo formas de denúncias ou qualquer outra possibilidade de interferência em algo que parecia um problema pontual. Dito de outra forma, o discurso de ódio aparecia inicialmente como resultado de uma ideologia, e o objetivo geral era entender os códigos e signos para tentar combatê-lo. Entre esses signos, a palavra aparecia como um elemento central no processo de construção desse discurso.

> *A palavra é o fenômeno ideológico por excelência.* A realidade toda da palavra é absorvida por sua função de signo. A palavra não comporta nada que não esteja ligado a essa função, nada que não tenha sido gerado por ela. A palavra é o modo mais puro e sensível de relação social. (BAKHTIN, 2004, p. 36, grifo do autor)

Ao chegarmos aqui, nesta etapa, especialmente entendendo que o discurso é fruto de uma conjuntura, mas, principalmente desempenha uma função de intervenção na realidade e na produção de subjetividades (ROCHA, 2006), percebemos que o combate ao discurso de ódio tem uma dimensão fundamental na sociedade. Isso porque ele não só é resultado de uma sociedade excludente como também contribui para esta exclusão. "O discurso não pode simplesmente representá-lo porque ele não está distanciado do mundo, ou seja, ele também participa desse mundo" (ROCHA, 2014, p. 624).

Ao longo deste capítulo, vamos nos debruçar sobre a importância da palavra enquanto signo ideológico, incapaz de ser dissociada dessa estrutura social. Para Bakhtin (2004, p. 14), "a palavra é a arena onde se confrontam os valores sociais contraditórios; os conflitos da língua refletem os conflitos de classe no interior mesmo do sistema: comunidade semiótica e classe social não se recobrem". O filósofo da linguagem afirma, ainda, que:

> Todo signo é ideológico. Os sistemas semióticos servem para exprimir a ideologia e são, portanto, modelados por ela. A palavra é o signo ideológico por excelência; ela registra as menores variações das relações sociais, mas isso não vale somente para os sistemas ideológicos constituídos, já que a "ideologia do cotidiano", que se exprime na vida corrente, é o cadinho onde se formam e se renovam as ideologias constituídas. (BAKHTIN, 2004, p. 16)

A metodologia qualitativa desenvolvida na presente pesquisa, visando atender aos objetivos de análise e compreensão do nosso *corpus* aqui exposto, orienta-se por um viés discursivo proposto pela análise do discurso (AD) de base enunciativa:

A opção pelo olhar da análise do discurso enunciativa (AD) aponta para um modo de apreensão da linguagem cujo objetivo seria "situar os discursos que circulam em dadas formações sociais e relacioná-los a suas condições de produção (DAHER, 2009) vinculadas a um modo de conceber a língua em seu funcionamento. Ou seja, é por meio da circulação de discurso e da ação de sujeitos que se compreende a língua, sendo a construção de sentidos, inevitavelmente, perpassada por processos linguísticos e ideológicos por meio dos quais se sabe o que pode e não pode, deve ou não deve ser dito em cada situação. (GIORGI; BIAR; BORGES, 2015, p. 205)

É importante ressaltar também que, por vezes, nossa leitura se aproxima da escola inglesa da análise crítica do discurso (ACD), quando enfatiza a relação existente entre a "linguagem e a ação política" e, com base em Wodak, para quem as "relações de dominação, discriminação, poder e controle [são] materializadas por meio da linguagem" (GIORGI; BIAR; BORGES, 2015, p. 207). Desse modo, também dialogamos com Bakhtin, por entendermos que

> Cada signo ideológico é não apenas um reflexo, uma sombra da realidade, mas também um fragmento material dessa realidade. Todo fenômeno que funciona como signo ideológico tem uma encarnação material, seja como som, como massa física, como cor, como movimento do corpo ou como uma outra coisa qualquer. (BAKHTIN, 2014, p. 33)

Ao longo deste projeto, trabalhamos com o conceito de discurso de ódio contra negros; com a base ideológica de fomento deste discurso na sociedade; e com os números e denúncias gerais feitas por telefone à ouvidoria da Secretaria Nacional de Políticas de Promoção da Igualdade Racial

(Seppir), ligada ao Ministério da Mulher, da Família e dos Direitos Humanos a partir de 2019. É importante ressaltar que, quando tentamos acessar novamente os números utilizados no início desta pesquisa, disponíveis na página do Ministério, aparece a seguinte mensagem: "Desculpe, mas esta página não existe... Pedimos desculpas pelo inconveniente, mas a página que você estava tentando acessar não existe neste endereço". O Seppir, com novos nome e estrutura, começou a ser reorganizado a partir de janeiro de 2023, sem data prevista para funcionamento; por isso, seus conteúdos precisam ser rastreados em diversas instituições (MDH, 2019); em se tratando das denúncias feitas no ambiente virtual, trabalhamos com a base de dados e pesquisa da ONG SaferNet (2023). Especificamente no Facebook, nossa referência quantitativa é a pesquisa de Southampton realizada como parte do doutorado de Luiz Valério Trindade, iniciado em 2014. No Brasil, em 2016, ele analisou 109 páginas do Facebook, 16.000 perfis e 224 artigos de jornais. Após a conclusão do doutorado, Luiz Valério publicou seu relatório sob o título *Discurso de ódio nas redes sociais* (TRINDADE, 2022). Passaremos então a comentá-los dentro desta proposta.

Deste momento em diante, analisaremos um total de dez *posts*, numerados de 1 a 10, todos enviados pelo administrador da página Senti na Pele. Como dissemos anteriormente, não fizemos qualquer pré-seleção. Os *posts* serão analisados também na ordem sugerida em entrevista com Ernesto Xavier.

POST 1

> N. A.: Isso é a mais pura verdade, o povo que não tem virtude, tem mais é que ser escravo mesmo!!!! é a realidade, o problema das pessoas, hoje, é se achar ofendido com tudo, para arrumar polêmica... a ignorância e a falta de cultura é um dos motivos dessas polêmicas, se ao invés de ficar perdendo tempo, arrumando motivos para criticar tudo, fosse trabalhar e aprender alguma coisa de útil... hoje o Brasil, não estaria destruído como está, e nas mãos de oportunistas.

POST 2

> P. O.: Deixa de Mimimimimimini [SIC] crioulo

Os *posts* 1 e 2 são respostas ao *post* A (que não faz parte do grupo analisado), "falando sobre o medo do jovem negro de morrer". Tomemos os dois como ponto de partida para a análise discursiva. Passaremos a considerar aqui o conceito de dialogismo de Bakhtin para quem

> Todos os enunciados no processo de comunicação, independentemente de sua dimensão, são dialógicos. Neles, existe uma dialogização interna da palavra, que é perpassada sempre pela palavra do outro, é sempre e inevitavelmente também a palavra do outro. Isso quer dizer que o enunciador, para constituir um discurso, leva em conta o discurso de outrem, que está presente no seu. Por isso, todo discurso é inevitavelmente ocupado, atravessado pelo discurso alheio. O dialogismo são as relações de sentido que se estabelecem em dois enunciados. (FIORIN, 2018, p. 19)

Na segunda sentença exposta, por exemplo (*post* 2) "Deixa de mimimimimini crioulo", em uma frase curta, podemos dizer que fica explícito o dialogismo. Passemos a esta reflexão. A expressão "mi-mi-mi" (SEGUNDA TELA, 2017) teria surgido na televisão, nos anos 2000. Era parte do desenho animado *Fudêncio e seus amigos*, da MTV Brasil. Era utilizada pelo protagonista Fudêncio para provocar um dos personagens, Conrado, que estava sempre reclamando e irritado. Nas redes sociais, como vemos, é uma expressão recorrente e utilizada para desqualificar qualquer manifestação de ideias, especialmente lutas de minorias; contra pessoas que questionam e classificam declarações ou práticas como racistas, misóginas ou homofóbicas, de maneira geral. Ainda na frase referida, percebemos que o autor "enfatiza" o termo "mi-mi-mi" quase praticamente duplicando a palavra.

Vemos, ainda, que o autor utiliza o termo "crioulo", que apresenta algumas significações diferentes ao longo da história no Brasil (HOUAISS; VILLAR; FRANCO, 2001). De origem portuguesa, o termo "crioulo" surgiu na época colonial referindo-se a descendentes de europeus que nasceram em países originários da colonização europeia. Também indicava nascidos no território americano, diferenciando estes cidadãos americanos de raça negra dos vindos da África na condição de escravos.

"Crioulo" também designa o que vem de países em que houve escravatura negra e línguas formadas a partir do contato entre os idiomas dos colonizadores e os dos povos autóctones, como os crioulos cabo-verdiano, haitiano e jamaicano, entre outros.

Por fim, o cavalo crioulo é uma raça equina criada na América do Sul que descende do cavalo andaluz, trazido para este continente pelos conquistadores espanhóis. Apesar desses significados, o termo, certamente, tem uma conotação depreciativa em nosso país. Desse modo, notamos no enunciado o que Bakhtin chama de duas vozes.

> Todo enunciado é dialógico. Portanto, o dialogismo é o modo de funcionamento real da linguagem, é o princípio constitutivo do enunciado. Portanto, nele ouvem-se sempre, ao menos, duas vozes. Mesmo que elas não se manifestem no fio do discurso, estão aí presentes. Um enunciado é sempre heterogêneo, pois ele revela duas posições, a sua e aquela em oposição à qual se constrói. Ele exibe seu direito e seu avesso. Por exemplo, quando se afirma "Negros e brancos têm a mesma capacidade intelectual", esse enunciado só faz sentido quando ele se constitui em contraposição a um enunciado racista, que preconiza a superioridade intelectual dos brancos em relação a outras etnias. Essa declaração deixa ver seu direito, a afirmação da igualdade intelectual de brancos e negros, e seu avesso, a superioridade intelectual dos brancos. Numa sociedade em que não houvesse racismo, não faria sentido, por ser absolutamente desnecessária, a asseveração de igualdade acima mencionada. (FIORIN, 2018, p. 24)

O "direito" e o "avesso", as "duas vozes", ou as "duas posições", como afirma Fiorin, deixam bem evidente também a tentativa de mostrar que, ainda em relação ao comentário do *post* 2, ao classificar um grupo como o que "reclama", existe, em contrapartida, outro grupo que "não reclama", positivamente falando. É como se a construção discursiva apontasse que existe um grupo com capacidade de resiliência suficiente para não "se sentir ofendido com tudo", como no comentário do *post* 1. Vemos aqui que o discurso que constrói uma inferiorização do negro constrói uma superioridade do branco, em contrapartida.

No *post* 1, as expressões "povo que não tem virtude", "tem mais é que ser escravo mesmo", "ignorância e falta de cultura" e se "fosse trabalhar e fazer alguma coisa útil" revelam a clara presença e a consequência da ideologia racista em que um grupo aparece como inferior. Para Bakhtin, "a palavra veicula, de maneira privilegiada, a ideologia; a ideologia é uma superestrutura, as transformações sociais da base refletem-se na ideologia e, portanto, na língua que as veicula". Nesse sentido, ainda segundo o autor, "a palavra serve como um 'indicador' de mudanças", ou seja, nossa atenção a tais discursos deveria ser mais intensa, visto que estes mesmos discursos se encarregam de produzir uma conjuntura (BAKHTIN, 2014, p. 17). De qual conjuntura estamos falando? Da mesma tratada no parágrafo anterior, que veicula a imagem da pessoa preta àquela cujos valores são negativos para a sociedade, enquanto os brancos, em contrapartida, passam a desfrutar dos considerados valores positivos.

POST 3

[comentário ao *post* F]
Y. N.: Senti na pele vá à merda! O trote envolve calouros sujos servindo os veteranos. Não tem nada de racismo no tema. Tem uma proposta de servidão breve, durante as primeiras semanas, que seria prestada à pequena cidade pra estudar por 6 anos aos que já estão lá por algum tempo.

Não tem nenhuma referência a pessoas de pele negra. Não tem nada de racismo no trote.

Vocês ficam procurando qualquer coisa que sirva pra levantar sua bandeira, e nesse afã acabam sendo mais estúpidos que os racistas que tanto criticam.

Senti na pele página MERDA.

O comentário anterior é um dos quase 1.500 feitos em um *post* da página Senti na Pele, que criticava a relação entre *blackface* e servidão em uma escola de medicina em 21 de dezembro de 2016. O comentário de ódio mistura xingamentos e defesa de "uma proposta de servidão breve" sem explicar por que a pele precisa estar mais escura, quase preta, que ele chama de "calouros sujos". Colocaremos aqui o texto original da página Senti na Pele (*post* F, fora da lista dos *posts* analisados) para que possamos entender o contexto.

POST F

ESCRAVOS DA IGNORÂNCIA

Faculdade de medicina de Valença. Candidatos que estudaram em escolas caras, fizeram cursinho, que tiveram apoio familiar para se dedicarem a algo tão difícil. Noites em claro decorando fórmulas, escrevendo redações, tentando compreender a realidade socio-econômica mundial, mitocôndrias, sistema digestório, vetores, logaritmo.

Após 15 anos estudando, conseguem ingressar na universidade de medicina.

Quase todos brancos. Talvez todos.

Quase todos de classe média alta. Talvez todos.

Nenhum passou necessidade.

Nenhum entendeu as aulas de história. Melhor, nenhuma aula de história foi feita para ensinar o que aconteceu com os negros no Brasil. É como se este período, que fez com que agora não tivessem negros cursando medicina em Valença, não tivesse existido.

O sistema de ensino, aliás, a sociedade como um todo, trata a escravidão e a cultura negra como algo irrelevante. É "normal" fazer piada. É só uma piada, não é mesmo? NÃO. Não é engraçado.

> Nas placas dos alunos que passaram pelo trote lê-se: "Pronto para servir meus veteranos da Med Avalon".
> Rostos pintados de preto.
> O preto, escravizado, SERVE.
> O preto, subalterno, se curva ao seu superior para servi-lo.
> Alunos de medicina.
> Pessoas tratadas como o que há de melhor no país.
> Estes são os médicos que vão cuidar da população negra e pobre nas periferias?
> Ou serão os médicos que cobrarão o olho da cara para uma consulta de 10 minutos?
> Que formação humana tem essas pessoas? Que sensibilidade possuem para tratar de vidas?
> É divertido fazer chacota do sofrimento alheio? 380 anos de escravidão. Apenas 126 anos desde a abolição. Seguimos sendo considerados inferiores.
> Não querem nos libertar.
> Quase não estamos nas faculdades de medicina. Raras exceções levam negros às cadeiras das escolas de medicina, engenharia...
> Enquanto os racistas estiverem presos a suas ignorâncias, estaremos fadados a lutar. #SentiNaPele #RacistasNãoPassarão

O *post* F, que causou tanta polêmica e comentários quanto os *posts* 3 e 4 da lista em análise, foi uma denúncia de racismo enviada para a página Senti na Pele. O próprio administrador, Ernesto Xavier, fez o *post* e explica como recebeu a denúncia:

> Foi a denúncia de uma amiga minha que é professora de uma faculdade no interior do estado do Rio. Ela falou: "Não posso aparecer, mas está acontecendo um caso de racismo grave aqui na universidade em que fizeram um trote em que as pessoas se colocam como servis e pintam o rosto de preto, fazendo menção a escravos, a servidão"... Aí eu peguei as imagens, fiz

a denúncia e isso estourou, foi para a imprensa e tudo mais. Aí os alunos, demonstrando como as questões são realmente de cunho racial, vinham atacar. Eles se uniram e vieram atacar a página.

POST 4

> [comentário ao *post* F]
> A. F.: R. A. abstrai e finge demência, porque se tem um povo chato é negro que se faz de vítima!
> Gente chata viu?

O comentário do *post* 4 também é uma resposta ao *post* sobre o trote dos alunos de medicina, mas poderia ser analisado separadamente, e mostra o quanto o conceito de raça é utilizado convenientemente no Brasil. Ora somos uma democracia racial, não importando a cor da pele ou origem – um mito que é evocado muitas vezes em relação à adoção de políticas públicas reparatórias. Em outras palavras, quando o tema é política pública para equidade, costuma-se evocar a democracia racial para inviabilizar tais medidas. Ora admite-se a existência de um outro "povo", um grupo que, neste caso, aparece inferiorizado. A ideia de superioridade de um grupo que não é o "povo chato", capaz de fingir "demência", contrapõe-se a outro povo, que "se faz de vítima". Análise semelhante à encontrada pela psicóloga Lia Vainer Schucman, em sua tese de doutorado "Entre o 'encardido', o 'branco' e o 'branquíssimo': raça, hierarquia e poder na construção da branquitude paulistana", em que pesquisa a ideia de raça entre sujeitos brancos na cidade de São Paulo:

Nosso intuito era compreender a heterogeneidade da branquitude nesta cidade. As análises demonstram que há por parte destes sujeitos a insistência em discursos biológicos e culturais hierárquicos do branco sob outras construções racializadas, e, portanto, o racismo ainda faz parte de um dos traços unificadores da identidade racial branca paulistana. Percebemos também que os significados construídos sobre a branquitude exercem poder sobre o próprio grupo de indivíduos brancos, marcando diferenças e hierarquias internas. Assim, a branquitude é deslocada dentro das diferenças de origem, regionalidade, gênero, fenótipo e classe, o que demonstra que a categoria branco é uma questão internamente controversa e que alguns tipos de branquitude são marcadores de hierarquias da própria categoria. (SCHUCMAN, 2012, p. 7)

A análise de Lia Vainer Schucman nos indica, assim, que o recurso à ideia de um "povo chato", a população negra, mostra uma identificação entre brancos, que ela define quando afirma que "o racismo ainda faz parte de um dos traços unificadores da identidade racial branca". Por mais controverso que possa parecer, percebemos uma espécie de cumplicidade de grupo através do comentário racista por parte da autora do comentário em questão, no *post* 4.

"Se faz de vítima" é uma expressão que merece nossa atenção especial. Ao longo deste trabalho, a ideia de vitimização por parte dos negros aparece com frequência no discurso dos odiadores através de expressões semelhantes, como "vitimismo" ou "coitadismo", ou expressões que carregam a mesma informação, como "mi-mi-mi", já analisada aqui. Tais expressões aparecem, em nossas análises, focadas em responder a toda e qualquer evocação de: i. problemas sociais e econômicos da população preta; ii. memória ou história de exploração dos negros no país, como escravidão, por exemplo; iii. narrativas de casos de racismo, como violência policial; iv. situações em que se questionam discursos depreciativos em relação à cor da pele.

POST 5

> [comentário à concepção de vítima – 1]
> J. R.: Se sentassem e se dedicassem aos estudos ao invés de ficarem se vitimizando talvez conseguissem passar no vestibular!!

POST 6

> [comentário à concepção de vítima – 2]
> P. R.: Qual seu salário e sua ocupação E.? Sou plantonista pelo SUS, e ganho menos de 3 mil reais. Então vai tomar no cú [SIC]!!!
> [Resposta de E. X.]: Pela educação demonstrada entendo o porquê da baixa remuneração. Passar bem.

No *post* 5, a concepção de vítima aparece ao lado de outra construção frequente nos discursos: o imaginário histórico de que a população negra constitui a base da pirâmide econômica e social porque não se esforça o suficiente ou "não se dedica", perde tempo "se vitimizando". Situação semelhante aparece no *post* 6. Ambos estão ligados diretamente a um discurso meritocrático. Claramente, a "vitimização" aparece reforçando a inferiorização do negro, nunca o privilégio branco resultante da ideologia racista. Como apontamos no início desta pesquisa, nas palavras do professor Chalhoub, "a meritocracia como valor universal, fora das condições sociais e históricas que marcam a sociedade brasileira, é um mito que serve à reprodução eterna das desigualdades sociais e raciais que caracterizam a nossa sociedade". A evocação do mérito serve ainda para o sujeito "conservar o próprio afeto" – como vimos no capítulo 2 – "desvalorizando o outro" e apontando sua "derrota".

POST 7

> [comentando postagem com uso de xingamentos]
> N. R.: Não vi nada de errado no que ela falou.
> [3 respostas a esse comentário:]
> I. B.: Claro, sendo outro racista é possível mesmo.
> N. R.: Não sou racista, só acredito no que todo homem inteligente acredita, que preto é merda
>   N. R. : Ainda mais preto e nordestino

O comentário do *post* 7 faz uso de xingamentos para o ataque de ódio. Destacamos nele, no entanto, dois vieses discursivos: a) o que opõe "o homem inteligente" ao preto; b) e uma nova categoria, a do nordestino como inferiorizado. Sobre o primeiro, fica evidente o recurso do "enunciado heterogêneo", como já falamos aqui, ou seja, não está escrito que o "homem inteligente" é branco, no entanto está dito e reforçado com a expressão "preto é merda". Sobre a categoria nordestino, a professora Lia Schucman já nos apontou que a categoria "branco" é controversa porque "é deslocada dentro das diferenças de origem, regionalidade, gênero, fenótipo e classe". Em outras palavras, existe uma hierarquização evidente na sociedade brasileira que leva em consideração tais diferenças, o que explica o fato de um branco também sofrer discurso de ódio se a origem dele for o Nordeste do país. É o que vemos no *post* 7. "Ainda mais sendo preto e nordestino": o odiador verbaliza e reforça a inferiorização agregando o preconceito de origem "nordestino" ao racial.

POST 8

[alguns dos mais frequentes ataques de ódio]
C. M. e outras 501 pessoas curtiram isso:
    F. M. [comentando uma foto:] Essa foto tá meio preta ou seilá… me passa esse efeito africano dps
[Respostas a F. M.:]
    S. N.: Vcs são a escória [...]
    B. H.: Mitou? Man, voc [...]
    V. A.: Não tem como levar em [...]
[Outro comentário à foto:]
    J. B.: E a mãe do Cirilo é
[Respostas a J. B.:]
    B. H.: E se fosse? Teria algum [...]
    V. A.: Te olha no espelho [...]
[outro comentário à foto:]
    J. H.: .
    M. S.: linda mds casa comigo

POST 9

[outros ataques de ódio frequentes]
C. M. e outras 501 pessoas curtiram isso
[parece continuar a postagem de C. M.]
J. S.: Vai macacuda
3 Respostas a J. S.:
    B. H.: Vai pau no cu
    J. S.: Porra macacada
    G. F.: Verme lixoo

> [outra postagem primária:]
> C. M.: Volta para a mata macaca chimpa
> [resposta a C.M.:]
>   A. R.: Quem tem que voltar [...]
> [outras postagens primárias:]
> C. M.: kkkkkkkkkkkkkkkk
> C. M.: Vou pegar esse cabelo e esfregar no chão como rodo

Os *posts* 8 e 9 são uma amostra dos mais frequentes ataques de ódio contra negros, não só nas redes sociais, como na vida cotidiana. Tratamos aqui da estética do negro como alvo de sua inferiorização. No breve capítulo sobre ideologia e racismo no Brasil, fizemos uma viagem sobre a busca constante por um branqueamento da sociedade brasileira. Falamos também, no mesmo capítulo, sobre o impacto ideológico no imaginário e na mente dos cidadãos do país. Portanto, como sinalizou o professor Kabengele Munanga, vale reforçar que "a alienação do negro tem se realizado pela inferiorização do seu corpo antes de atingir a mente, o espírito, a história e a cultura" (2012, p. 17). Em outras palavras, nosso branqueamento é moral e social, mas, para legitimar a dominação, a branquitude necessita também de uma inferiorização estética. A "estética do branqueamento" é, aliás, apontada pelo cineasta Joel Zito Araújo (2002), como "o mais complicado" dos elementos "maléficos do mito da democracia racial". Joel Zito é autor do livro e do filme *A negação do Brasil*, frutos de sua pesquisa de doutorado que fez um mapeamento para identificar novelas que tinham personagens e atores negros (MATTOS, 2000), e, por cinco anos, o autor, transformado em um incansável "noveleiro", fez o levantamento da participação desses atores e atrizes negros em 174 novelas produzidas, entre 1964 e 1997, pelas emissoras Globo e Tupi. Considero importante, neste momento, recorrer à estética do branqueamento apontada na pesquisa, para o entendimento da nossa conjuntura, nosso momento contemporâneo, ou seja, como aparece a ideologia do branqueamento em nossa vida contemporânea.

> A primeira observação é que o negro, a negra e a criança negra aparecem nas novelas em papéis de pessoas subalternas. Os papéis mais oferecidos são os de empregadas e empregados domésticos, copeiros, motoristas e semelhantes. Também foram oferecidos alguns papéis de marginais, bandidos, malandros. Nas novelas que tinham como fundo a temática da escravidão, que se tornaram um sucesso internacional, um grande filão de mercado, principalmente depois de *Escrava Isaura* ter sido vendida para 67 países, foram oferecidos muitos papéis de escravos, pois a TV Globo percebeu que a temática da luta contra a escravidão, a luta por liberdade, era uma temática muito forte, muito vendável. Mas nossa principal crítica não é o oferecimento de papéis de pessoas subalternas para atores negros. O que caracteriza sempre o papel dado ao negro é que ele deve ser secundário. (RAMOS, 2002, p. 64)

"A negação do Brasil" é uma pesquisa apresentada nos anos 2000, que analisa as novelas do período de 1964 a 1997. Portanto, podemos dizer que o principal veículo de comunicação no Brasil – e a televisão foi e ainda é o principal meio de difusão de informações – através da dramaturgia difundiu fortemente um conceito de inferiorização do negro pela estética durante parte do século XX e início do século XXI, como defende Joel Zito Araújo. Trago aqui este dado porque considero importante, dentro do conceito de dialogismo, de Bakhtin, entender como todos esses discursos aparecem perpassados.

A necessidade de inferiorizar o negro através de sua estética tem como alvos alguns marcos específicos: 1. sua cor, como na frase "A foto tá meio preta"; 2. sua origem étnica, "efeito africano"; 3. a insistente tentativa de desumanizar a pessoa preta – uma estratégia recorrente no processo de escravidão, inclusive, como já vimos neste trabalho – "Vai macacada", "Volta para a mata macaca chimpa"; 4. e, também como já dissemos, o ataque ao cabelo, um dos elementos estéticos da pessoa preta que aparecem com mais frequência nos discursos, "Vou pegar este cabelo e esfregar no chão como rodo".

A temática da estética, da representatividade e da subalternidade através da dramaturgia aparece ainda em uma referência ao personagem "Cirilo", como na frase "É a mãe do Cirilo", no *post* 8. Cirilo é um famoso e polêmico personagem da telenovela infantil mexicana *Carrossel*, exibida no Brasil pelo Sistema Brasileiro de Televisão (SBT). A trama se passa em uma escola. No elenco, 16 crianças, apenas uma negra, o Cirilo, um menino "bobo", que cai em qualquer armadilha e que passa todo o momento nutrindo uma paixão que beira a devoção por uma coleguinha branca e de uma classe social com mais recursos econômicos que sempre o despreza. Cirilo entrou para a história dos personagens pretos subalternizados que ajudam a difundir o racismo à brasileira nas mentes das novas gerações (YAKINI, 2015).

CONSIDERAÇÕES FINAIS

Iniciamos este trabalho falando de esperança. Conduzimos o leitor, no entanto, por um tortuoso caminho que revisitou momentos difíceis da nossa história. No pós-abolição, que nos trouxe até aqui amarrados a uma estrutura racista que colocou pretos na base da pirâmide e inviabilizou a mobilidade social. Falamos da luta por inserção social e econômica da população preta nos primeiros anos do século XX. Tratamos do crescente racismo desde então e das muitas mobilizações para combatê-lo, seja na forma da lei, de políticas públicas, de denúncias ou da arte. Traçamos uma breve linha do tempo com os muitos grupos que se dedicaram à luta antirracista. Falamos especialmente e com mais detalhes de como o combate ao mito da democracia racial ocupou tempo e energia de ativistas durante o século passado. Acreditamos que tudo isso foi necessário para o entendimento desse processo ideológico, evidenciado, ouso dizer, quase escancarado nos dias de hoje, que mantém negros discursivamente encarcerados em condições de subalternidade. Lembrando Umberto Eco, "muitas vezes os hábitos linguísticos são sintomas importantes de sentimentos não expressos" (ECO, 2019, p. 23). Este trabalho promete e quer encontrar, na própria análise discursiva que se propôs a fazer, soluções para o combate ao discurso de ódio com o cunho racial. Ao findar nosso capítulo 3, podemos garantir que a análise discursiva tem um peso muito maior que somente o de combater os odiadores. Sobre esses pontos nos debruçaremos agora.

Começo por um dos apontamentos que julgo o mais grave desta reflexão: o discurso de ódio difundido nas redes sociais é, ao mesmo tempo, um reflexo do racismo entranhando na estrutura social e nas mentes dos brasileiros, bem como uma arma poderosa na formulação de conjuntura, propagação e manutenção de uma cultura que privilegia um grupo e subalterniza outro. Ora, se todo enunciado é dialógico como nos ensina Bakhtin, é apropriado dizer que corremos um risco duplo ao não combater com urgência e eficácia práticas discursivas de cunho racial. Por que um risco duplo? Tendemos a olhar para o discurso de ódio contra negros como resultado de um histórico, já traçado por nós ao longo deste trabalho, que submeteu e quer continuar submetendo a população negra a condições desfavoráveis. No entanto, do outro lado e sob outra lente, precisamos jogar luz sobre a criação de uma nova conjuntura de ódio potencializada por essas práticas discursivas e que pode caminhar para a criação de novos valores, imagens e ideias depreciativas contra a população negra. O resultado disso, tal como aconteceu na escola de Suzano, é a possibilidade de surgimento de um conflito étnico já declarado, muitas vezes, na ordem discursiva.

Podemos apontar, ainda, alguns pontos recorrentes na nossa análise do discurso que merecem atenção. Ressalto aqui que, em todo o nosso *corpus*, a tentativa constante é de valorização do sujeito branco e depreciação do negro. Tal fato nos remete ao filósofo Castoriadis, que fala da necessidade do sujeito – neste caso, do odiador – de conservar o próprio afeto e atacar o outro na sua inconvertibilidade – no caso dos negros, a cor da pele e seus traços físicos, fazendo do racismo a pior forma de ódio. Isso porque "o racismo não quer a conversão dos outros, ele quer a sua morte" (CASTORIADIS, 1992, p. 36). Seguindo esse raciocínio, os constantes ataques aos negros conservam algumas características: i. a tentativa de desumanização da população negra, seja no ataque à cor da pele, seja na frequente comparação com símios; ii. o desprezo pelo continente africano, remetendo aos estereótipos, como atraso e selvageria, por exemplo; iii. a exaltação do mérito como conquista do branco em contraponto à falta de esforço da população negra para associá-la a pobreza; iv. o ataque constante à estética negra, diminuindo toda e qualquer possibilidade de o belo estar atrelado aos traços físicos do negro.

É consenso entre ativistas que precisamos de um caminho eficaz que combata o discurso de ódio nas redes. A legislação apareceu como uma solução mais robusta na maior parte dos trabalhos acadêmicos pesquisados por nós. Autores citados aqui consideram estreita "a fronteira entre a liberdade de expressão e de ódio" (MORENO, 2017, p. 100). Organizações como a SaferNet tentam um caminho mais eficaz, delimitando o crime como "qualquer tipo de preconceito baseado na ideia da existência de superioridade de raça, manifestações de ódio, aversão e discriminação que difundem segregação, coação, agressão, intimidação, difamação ou exposição de pessoa ou grupo", evocando a garantia constitucional de liberdade de expressão assegurada pelo artigo 5, inciso IX da Constituição Federal e diferenciando do discurso de ódio. Em outra linha de atuação, fazem também campanhas para conscientização. No entanto, acredito que o estudo específico do discurso de ódio contra negros pode nos ajudar a formular antídotos contra tais práticas agressivas.

Apontamos aqui também a necessidade de encontrarmos políticas educacionais, públicas ou privadas, como o Teaching Tolerance, nos Estados Unidos, que possam atuar em outra frente, a da educação para a diversidade. Obviamente, seria simples importar dos Estados Unidos o modelo de combate ao ódio. No entanto, este trabalho traçou uma série de especificidades que diferenciam nossas relações étnicas do modelo estadunidense. Levando em consideração que tratamos aqui de um conflito étnico latente, temos que ter políticas específicas que considerem não só o combate ao racismo, como também a educação de famílias que tenham qualquer envolvimento com a prática do discurso de ódio. O que sugerimos, talvez para próximas pesquisas, é que pensemos juntos soluções efetivas no combate ao ódio contra negros. Deixo aqui uma semente: se conseguimos trabalhar a violência contra a mulher e montar núcleos de educação para homens violentos, até quando deixaremos de fazer um trabalho de educação antirracista para odiadores?

POST 10

> [comentando *post* não apresentado no estudo]
> R. C.: Julgo que você é um analfabeto! Provavelmente foi alfabetizado no método Paulo Freire. Tenho provas e convicções.
> [resposta a R. C.:]
> E. X.: O método Paulo Freire é reconhecido no mundo inteiro. Caso você tenha estudado no método Alexandre Frota, pode ser que tenha algum problema de compreensão e por isso veio aqui, gratuitamente, tentar me diminuir. Aqui você não vai se fazer, caro fascistinha.

Guardei ainda, como uma espécie de bônus, um último *post*. Este fala sobre o nosso patrono da educação. Não será uma análise; apenas para que você, leitor, não saia daqui sem se lembrar de Paulo Freire: "Educação não transforma o mundo. Educação muda as pessoas. Pessoas transformam o mundo." Está aberta a possibilidade de mudança para uma educação antirracista!

REFERÊNCIAS

ALVES, Renato. Quem é o brasiliense responsável pelo *site* que inspirou ataque em Suzano. *Correio Braziliense*, Brasília, Cidades, 17 mar. 2019.

ALVES FILHO, Manuel. A meritocracia é um mito que alimenta as desigualdades, diz Sidney Chalhoub. *Jornal da Unicamp*, Campinas, 7 jun. 2017.

ARAÚJO, Joel Zito. A estética do racismo. *In*: RAMOS, Silvia (org.). *Mídia e racismo*. Rio de Janeiro: Pallas, 2002.

ARENDT, Hannah. *Origens do totalitarismo*. Tradução: Roberto Raposo. São Paulo: Companhia das Letras, 2012.

BAKHTIN, Mikhail. *Estética da criação verbal*, 2. ed. Tradução: Paulo Bezerra. São Paulo: Martins Fontes, 1997.

BELCHIOR, Douglas. Racismo à brasileira: entrevista ao Idec [Instituto Brasileiro de Defesa do Consumidor]. *Revista do Idec*, Rio de Janeiro, n. 209, nov.-dez. 2016.

BRASIL. Ministério dos Direitos Humanos e da Cidadania. *Disque 100. Balanço Geral 2015 a 2019* – Igualdade Racial. Brasília: Seppir, 2021.

BRASIL. Ministério dos Direitos Humanos e da Cidadania. *Seppir recebe denúncias de racismo e de intolerância religiosa*. Brasília: Ouvidoria Nacional da Igualdade Racial, 2017.

BRASIL. Ministério dos Direitos Humanos e da Cidadania. Divulgação de dados do Disque 100 marcam aniversário da Seppir. *Notícias (online)*, 21 mar. 2019.

BRASIL. Ministério Público Federal. *Hater. Facebook*, on-line, 29 abr. 2017.

BRASIL. Presidência da República. Casa Civil. *Constituição da República Federativa do Brasil de 1988* (atualizada até a Emenda Constitucional n. 128/2022). Brasília: Diário Oficial da União, 1988.

BRASIL. Presidência da República. Casa Civil. *Decreto-Lei n. 2.848 de 7 dez. 1940*: Código Penal. Rio de Janeiro: Diário Oficial da União, 1940.

BRASIL. Presidência da República. Casa Civil. *Decreto-Lei n. 7.716, 6 jan. 1989*: define os crimes resultantes de preconceito de raça ou de cor. Brasília: Diário Oficial da União, 1989.

BRASIL. Presidência da República. Casa Civil. Subchefia para Assuntos Jurídicos. *Lei complementar n. 150, 1º jun. 2015*: dispõe sobre o contrato de trabalho doméstico. Brasília: Diário Oficial da União, p. 1, 2 jun. 2015

CAMPOS, Helyzabeth Kelen Tavares. *Guia de orientação para a criação e implementação de Órgãos, Conselhos e Planos de Promoção da Igualdade Racial*. Brasília: Ministério dos Direitos Humanos, 2018.

CASTORIADIS, Cornelius. *O mundo fragmentado*: as encruzilhadas do labirinto, v. 3, 3. ed. Tradução: Rosa Maria Boaventura. São Paulo: Paz e Terra, 1992.

CHIBA, Augusto Akira. *Orientação Normativa n. 3/2016*: dispõe sobre regras de aferição da veracidade da autodeclaração prestada por candidatos negros. Ministério do Planejamento, Desenvolvimento e Gestão. Brasília: Diário Oficial da União, 2016.

D'ADESKY, Jacques D. *Pluralismo étnico e multiculturalismo*: racismos e antirracismos no Brasil. Rio de Janeiro: Pallas, 2001.

D'ADESKY, Jacques; SOUZA, Marcos T. de (org.). *Afro-Brasil*: debates e pensamentos. Rio de Janeiro: Cassará, 2015.

ECO, Umberto. *O fascismo eterno*, 13. ed. Tradução: Eliana Aguiar. Rio de Janeiro: Record, 2019.

FAPESP. *Sidney Chalhoub. In*: BV-CDI FAPESP. São Paulo: Biblioteca Virtual, Centro de Documentação e Informação da Fundação de Amparo à Pesquisa do Estado de São Paulo, 2023.

FCP. Notícia. *Teatro Experimental do Negro, a militância pela arte*. Brasília: Fundação Cultural Palmares, 2008.

FERES JR, João. Guerreiro Ramos: branquidade, pós-colonialismo e nação. *In*: D'ADESKY, Jacques; SOUZA, Marcos T. de (org.). *Afro-Brasil: debates e pensamentos*. Rio de Janeiro: Cassará, 2015.

FERNANDES, Florestan. *O negro no mundo dos brancos*. São Paulo: Global, 2007.

FIORIN, José Luiz. *Introdução ao pensamento de Bakhtin*, 2. ed. São Paulo: Contexto, 2018, p. 21-65.

FOUCAULT, Michel. *A verdade e as formas jurídicas*. Tradução: Roberto C. M. Machado e Eduardo J. Morais. Rio de Janeiro: Nau, 2002.

FREITAS, Riva S. de; CASTRO, Matheus F. de. Liberdade de expressão e discurso de ódio: um exame sobre as possíveis limitações à liberdade de expressão. *Sequência*, Florianópolis, n. 66, p. 327-355, jul. 2013.

GIORGI, Maria C.; BIAR, Liana; BORGES, Roberto Silva. Estudos da linguagem e questões étnico-raciais: contribuições e limites. *Revista da ABPN*, v. 7, n. 17, p. 202-218, jul.-out. 2015.

GLUCKSMANN, André. *O discurso de ódio*. Tradução: Edgard de Assis Carvalho, Maria Perassi Bosco. Rio de Janeiro: Difel, 2007.

HALL, Stuart. *Da diáspora*: identidades e mediações culturais, 2. ed. Tradução: Adelaide Resende *et al*. Belo Horizonte: UFMG; Brasília: Unesco, 2006.

HALL, Stuart. Raça, o significante flutuante. Tradução: Liv Sovik, Katia Santos. *Revista Z Cultural*, Rio de Janeiro, ano 8, n. 2, 2015.

HOUAISS, Antonio; VILLAR, Mauro de S.; FRANCO, Francisco M. de M. *Dicionário Houaiss da língua portuguesa*. Rio de Janeiro: Objetiva, 2001.

IBGE. *Síntese de indicadores sociais: uma análise das condições de vida da população brasileira*. Estudos e Pesquisas – informação demográfica 2015, n. 35. Rio de Janeiro: IBGE, n. 35, 2015.

KASPERSKY. O que é a *deep web* e a *dark web*? *In*: KASPERSKY. *Líder global em cibersegurança*. Disponível em: <https://www.kaspersky.com.br/resource-center/threats/deep-web>. Acesso em: 25 ago. 2023.

MAB. *Pesquisa: história e memória*: Abdias Nascimento. São Paulo: Museu Afro Brasil Emanoel Araujo, 2014.

MATTOS, Laura. *A negação do Brasil* discute participação dos negros na TV. *Folha de S.Paulo*, Ilustrada, 30 nov. 2000.

MBEMBE, Achille. *Necropolítica*: biopoder, soberania, estado de exceção, política da morte, 3. ed. Tradução: Renata Santini. São Paulo: N-1 Edições, 2018.

MILLS, Charles. *The racial contract*. Ithaca: Cornell University, 1997.

MORAES, Vinicius de. *Orfeu da Conceição* (tragédia carioca). Imprensa Nacional: Rio de Janeiro, 1956.

MORENO, Rachel. *A imagem da mulher na mídia*, 2. ed. São Paulo: Expressão Popular, 2017.

MOURA, Clovis. O racismo como arma ideológica de dominação. *Princípios*, São Paulo, n. 34, p. 28-38, ago.-out. 1994.

MUNANGA, Kabengele. A questão da diversidade e da política de reconhecimento das diferenças. *Crítica e Sociedade*, Uberlândia, v. 4, n. 1, p. 34-45, jul. 2014.

MUNANGA, Kabengele. *Negritude*: usos e sentidos, 4. ed. Belo Horizonte: Autêntica, 2012.

MUNANGA, Kabengele. Uma abordagem conceitual das noções de raça, racismo, identidade e etnia. *In*: *Programa de educação sobre o negro na sociedade brasileira*. Niterói: Eduff, 2004.

NASCIMENTO, Abdias; SEMOG, Éle. *Abdias Nascimento*: o *griot* e as muralhas. Rio de Janeiro: Pallas, 2006.

NASCIMENTO, Abdias *et al*. *Convenção Nacional do Negro Brasileiro, Manifesto à nação*, São Paulo, 1945. BNDigital / Memória.

NEVES, Lídia. Percentual de negros em universidades dobra, mas é inferior ao de brancos. *Agência Brasil – EBC*, Rio de Janeiro, dez. 2016.

PAIXÃO, Marcelo. Da lenda à Esfinge: sobre as relações raciais no Brasil contemporâneo. *In*: D'ADESKY, Jacques; SOUZA, Marcos Teixeira de (org.). *Afro-Brasil*: debates e pensamentos. Rio de Janeiro: Cassará, 2015, p. 17-34.

PAIXÃO, Marcelo *et al*. *Relatório anual das desigualdades raciais no Brasil 2009-2010*. Rio de Janeiro: Garamond, 2010.

PEREIRA, Amilcar Araujo. *O mundo negro*: relações raciais e a constituição do movimento negro contemporâneo no Brasil. Rio de Janeiro: Pallas/Faperj, 2013.

PIOVESAN, Flávia. Ações afirmativas no Brasil: desafios e perspectivas. *Estudos Feministas*, Florianópolis, v. 16, n. 3, p. 887-896, set.-dez. 2008.

REBS, Rebeca Recuero. O excesso no discurso de ódio dos *haters*. *Fórum Linguístico*, Florianópolis, v. 14, número especial, p. 2512-2523, nov. 2017.

SAFERNET. Discurso de ódio. *SaferLab*, ed. 1, 2023.

SANTOS, Celso J. dos. O Estatuto da Igualdade Racial: avanços, limites e potencialidades. *Cadernos de Educação*, Brasília, n. 23, p. 147-163, jul.-dez. 2010.

SANTOS, Joel Rufino dos. A inserção do negro e seus dilemas. *Parcerias Estratégicas*, Brasília, n. 6, p. 110-154, mar. 1999.

SCHUCMAN, Lia Vainer. *Entre o "encardido", o "branco" e o "branquíssimo"*: raça, hierarquia e poder na construção da branquitude paulistana. Tese (Doutorado), Instituto de Psicologia, USP. São Paulo, 2012.

SCHWARCZ, Lilia Moritz. *Nem preto nem branco, muito pelo contrário*: cor e raça na sociabilidade brasileira. São Paulo: Claro Enigma, 2012.

SEGUNDA TELA. Criadores do "mimimi" criticam mau uso do termo. *Revista Fórum*, Porto Alegre, blog, 7 out. 2017.

SILVA, Tainan Silva e. O colorismo e suas bases históricas discriminatórias. *Debate Virtual – Direito Unifacs*, Salvador, n. 201, mar. 2017.

SILVA, Tarcízio (org.). *Comunidades, algoritmos e ativismos digitais: olhares afrodiaspóricos*. São Paulo: LiteraRUA, 2020, p. 25-41.

SOUZA, Jessé. Gilberto Freyre e a singularidade cultural brasileira. *Tempo Social*, São Paulo, v. 12, n. 1, p. 69-100, mai. 2000.

SPLC. *The Southern Poverty Law Center*. Montgomery: SPLC, 1991.

SPLC. *Teaching Tolerance Magazine*. Montgomery: SPLC, 1971-2023.

TELLES, Edward Eric. *Racismo à brasileira*: uma nova perspectiva sociológica. Tradução: Ana Arruda Callado, Nadjeda Rodrigues Marques e Camila Olsen. Rio de Janeiro: Relume Dumará/ Fundação Ford, 2003.

TRINDADE, Luiz Valério. *Discurso de ódio nas redes sociais*. São Paulo: Jandaíra, 2022.

ÚLTIMA abolição, A. Produção: Bianca de Felippes, Carla Esmeralda. Direção: Alice Gomes. Documentário, 82 min., cores, 2018.

UNESCO. *Resolution 51/95: international day for tolerance*: 16 november. New York: Assembleia Geral da ONU, 1996.

WOLFFENBÜTTEL, Andréa. Indicadores: O que é? Índice de Gini. *Desafios do Desenvolvimento IPEA*, Brasília, ano 1, n. 4, p. 80, nov. 2004.

XAVIER, Ernesto. Senti na Pele. *Facebook*, on-line, 2015.

XAVIER, Ernesto. *Senti na Pele*. Rio de Janeiro: Malê, 2017.

YAKINI, Michel. *Carrossel* e o racismo: onde Cirilos são inferiorizados e Marias Joaquinas desfilam "beleza" e "poder". *Blog Negro Nicolau*, Ceará, 19 set. 2015.

fonte ITC Stone Serif Std e Avenir LT Std
papel offset 75g/m2
impressão Gráfica Reproset, outubro de 2023
1ª edição